ESPIRITISMO
JUDAICO

Andréa Kogan

ESPIRITISMO JUDAICO

Copyright © 2018 de Andréa Kogan.
Todos os direitos desta edição reservados à Editora Labrador.

Coordenação editorial
Diana Szylit

Capa
Anna Petrosino

Projeto gráfico e diagramação
Maurelio Barbosa
designioseditoriais.com.br

Imagem da capa
Prato em cerâmica de Ida Kogan
fotografado por Carla Almeida

Revisão
Tarcila Lucena
Bonie Santos

Imagem página 160
Quadro de Ida Kogan
fotografado por Carla Almeida

Dados Internacionais de Catalogação na Publicação (CIP)
Andreia de Almeida CRB-8/7889

Kogan, Andréa

Espiritismo judaico / Andréa Kogan. — São Paulo : Labrador, 2018.
160 p.

Bibliografia
ISBN 978-85-93058-70-7

1. Judaísmo 2. Espiritismo I. Título

18-0232   CDD 296

Índices para catálogo sistemático:
1. Judaísmo

EDITORA LABRADOR
Diretor editorial: Daniel Pinsky
Conselho editorial: Carolina Vivian
Minte Vera, Cesar Alexandre de Souza
e Ilana Pinsky

Rua Dr. José Elias, 520 – Alto da Lapa
05083-030 – São Paulo – SP
Telefone: +55 (11) 3641-7446
Site: http://www.editoralabrador.com.br
E-mail: contato@editoralabrador.com.br

A reprodução de qualquer parte
desta obra é ilegal e configura
uma apropriação
indevida dos direitos intelectuais
e patrimoniais do autor.

Para o meu pai, Bernardo Kogan (Z"L), meu grande amor.

"No livro que escrevemos juntos, *Os judeus e as palavras*, minha filha, professora Fania Oz-Salzberger, e eu afirmamos:

> Existe uma teologia judaica da *chutzpá*. Ela reside na sutil junção de fé, tendência a discutir e fazer humor de si mesmo. E redunda numa reverência especialmente irreverente. Nada é tão sagrado que não mereça uma zombaria ocasional. Você pode rir do rabino, de Moisés, dos anjos e até mesmo do Todo-Poderoso.
> Os judeus têm um longo legado de riso, às vezes adjacente ao nosso longo legado de lágrimas. Há uma sólida tradição de autocrítica agridoce, muitas vezes ao ponto da autodepreciação, que se mostrou um instrumento confiável de sobrevivência num mundo hostil. E uma vez que riso, lágrimas e autocrítica são quase sempre verbais, todos eles fluem tranquilamente no hábito hebraico e judaico de discutir por tudo e debater com todo mundo: consigo mesmo, com os amigos, com os inimigos e às vezes com Deus.

Esses traços judaicos de rir e de discutir são ao mesmo tempo muito sociais e profundamente individuais. Vou terminar com uma reflexão sobre este verso sublime do poeta inglês John Donne. "Nenhum homem é uma ilha". A isso, ouso acrescentar: nenhum homem é uma ilha, mas cada um de nós é uma península: em parte conectado com a terra firme da família, da sociedade, da tradição, da ideologia etc. – e em parte voltado para os elementos, sozinho e em silêncio profundo."

(Amós Oz, 2016, p. 31-2)

SUMÁRIO

INTRODUÇÃO 11

1. JUDAÍSMO E A INDEFINIÇÃO 21
   1.1 A indefinição 22
   1.2 Considerações sobre o judaísmo paulistano 38

2. HASSIDISMO E SUA HERANÇA NO SÉCULO XXI 45
   2.1 Elementos místicos pré-hassídicos 46
   2.2 O movimento hassídico e seu fundador – O Baal Shem Tov ... 50
   2.3 O Chabad Lubavitch 57
   2.4 O Rebe de Lubavitch – Menachem Mendel Schneerson ... 63
      2.4.1 A vida 63
      2.4.2 A morte e o pós-morte 70

3. ESPIRITISMO 75
   3.1 O movimento espírita 76
   3.2 Espiritismo e judaísmo: conexões 87
   3.3 A psicografia 89

3.4 Chico Xavier 91
   3.4.1 Chico Xavier e o judaísmo 93
3.5 Chico Xavier e o Rebe de Lubavitch. O espiritismo e
o judaísmo – algumas considerações 105

4. JUDAÍSMO KARDECISTA EM SÃO PAULO 107
4.1 Relatório de observação – "Evangelho no lar" –
casa 1 109
   4.1.1 Da organização do espaço 110
   4.1.2 A prece inicial 111
   4.1.3 As leituras e as lições 112
   4.1.4 Os rituais de incorporação 120
   4.1.5 A conclusão dos trabalhos 129
4.2 Relatório de observação – "Evangelho no lar" –
casa 2 130
   4.2.1 Da organização do espaço 130
   4.2.2 A prece inicial 131
   4.2.3 A leitura e as lições 131
   4.2.4 Os rituais de incorporação 135
   4.2.5 A conclusão dos trabalhos 138

CONSIDERAÇÕES FINAIS 139

NOTAS 147

REFERÊNCIAS BIBLIOGRÁFICAS 153

INTRODUÇÃO

> *Nossos dogmas são alusões, intimações;*
> *nossa sabedoria é uma alegoria, mas nossas ações são definições.*
> ABRAHAM JOSHUA HESCHEL

O tema da presente obra – os judeus espíritas em São Paulo – foi decidido algum tempo antes do ingresso no programa de pós-graduação em Ciência da Religião na Pontifícia Universidade Católica de São Paulo. A trajetória tem sido rica, gratificante e surpreendente e, como resultado final, a escrita deste livro procura relatar da melhor forma possível tal percurso.

Foi interessante e desafiador ouvir as seguintes questões de diversas pessoas (amigos, professores, pesquisadores etc.) por algumas vezes:

a) "E judeus espíritas existem?";
b) "Qual foi a sua motivação para chegar a este tema?";
c) "De onde veio seu interesse por este assunto tão diferente?" ou;
d) "Como são os rituais? Como são as práticas? Há realmente momentos de incorporação?".

Para responder essas questões, foi necessário um exercício reflexivo, de volta ao passado (pessoal) e também de tentativa de encontrar qual (ou quais) foram os momentos da vida em que tal assunto veio aos pensamentos e se tornou uma questão que precisava ser desenvolvida e pesquisada, que iria mais longe, além da curiosidade inicial. Portanto, vamos fazer uma descrição cronológica dos fatos por trás deste exercício reflexivo bastante intrigante.

Em 1983, foi publicado o livro *Quando se pretende falar de vida* — חי,[1] uma compilação de cartas escritas por Roberto Muszkat, psicografadas pelo médium Francisco Cândido Xavier e organizadas pelo pai de Roberto, David Muszkat, judeu morador de São Paulo. Roberto faleceu em 1979, repentinamente, aos 19 anos, vítima de um choque anafilático. A família, em total desespero, buscou conforto e ajuda no médium mineiro Chico Xavier, que psicografou 22 cartas de Roberto, transformadas em livro pelo pai.

Creio que por volta de 1987 ou 1988, alguns anos depois da publicação, o livro chegou em minha casa, já que meu pai era amigo de David Muszkat e deve ter ganhado um exemplar de presente. Lembro-me de ter lido com interesse e com muitos questionamentos, mas estava ainda na adolescência e não tinha muita noção da dimensão dessas indagações e reflexões. Mas é possível dizer claramente que, mesmo 30 anos depois da leitura, vários trechos do livro permaneceram comigo, em minha memória. E, da mesma forma, as dúvidas persistem: "judeus também podem ser espíritas? E o que quer dizer ser espírita?". O livro se perdeu depois de alguns anos e foi recuperado há pouco tempo, quando tive a oportunidade de comprá-lo novamente em um sebo. Voltaremos a ele de forma mais aprofundada no capítulo "Espiritismo".

Tendo estudado em escola judaica, noções de judaísmo, é claro, sempre foram presentes, eram parte do currículo. Contudo, não havia discussões aprofundadas sobre a identidade judaica ou o que significa ser judeu no mundo contemporâneo. O foco do ensino na década de 1980 (e talvez durante muito tempo antes e depois, ao menos pelo que pude vivenciar) era baseado na gramática hebraica, em costumes, festas e músicas, aulas sobre a Bíblia e sobre a geografia de Israel.

Anos se passaram, meu caminho se desviou para a área de turismo e, em 2001, defendi a minha dissertação de mestrado na área de Turismo e Patrimônio Cultural. O texto discorria sobre turismo religioso e, mais especificamente, sobre judaísmo e o bairro do Bom Retiro, em São Paulo. O foco, na ocasião, não era tanto na questão religiosa, mas sim nos patrimônios material e imaterial que podiam ser encontrados por toda a cidade, na tentativa de se criar um roteiro turístico judaico na metrópole paulistana (com restaurantes, sinagogas e espaços culturais). Nesse momento, vi a necessidade de um maior aprofundamento do estudo sobre o judaísmo, não somente com um viés histórico, antropológico ou sociológico, mas sim filosófico.

Em 2004, chegou em minhas mãos o livro *The Jew in the Lotus* [O judeu no Lótus], escrito em 1994 pelo professor emérito da Universidade do Estado da Louisiana, Rodger Kamenetz. Uso a expressão "chegou em minhas mãos" porque não lembro exatamente como isso aconteceu: onde comprei, onde vi a obra primeiro etc. O livro foi lido em 2004 e, com ele, outras reflexões e questionamentos surgiram. Algo como: "se antes li e verifiquei que há a possibilidade de judeus serem espíritas, judeus budistas também são uma verdade".

É possível dizer que esse livro teve papel fundamental na construção da presente obra e na minha trajetória durante todos esses anos. Reli o livro há pouco, um dos últimos livros (re)lidos para este trabalho, com o objetivo principal de melhor compreender essa trajetória e também expressá-la de maneira correta nesta introdução.

Kamenetz escreve um livro profundo e reflexivo, em forma de diário, narrando sua experiência como parte da comitiva que foi conhecer e dialogar com Dalai Lama entre 21 e 31 de outubro de 1990. Entretanto, o livro não é somente um relato da viagem, mas sim uma reflexão sobre o que era ser judeu-americano no final do século XX; ou simplesmente o que significam todas as possibilidades de ser judeu, com explicações sobre o judaísmo, discussões sobre costumes e rituais judaicos, entrevistas com personalidades importantes, assim como as principais falas da comitiva, de Dalai Lama e de outras figuras de renome que ali estavam.

Os judeus budistas americanos são conhecidos pela sigla *Ju-Bu*, uma maneira simplificada e rimada – já que a palavra *Jew* tem som de "u" ao final. Um dos dados iniciais do livro é que a porcentagem de judeus no budismo americano é de 6% a 30% (não há números mais exatos) e que o primeiro judeu a se dizer budista publicamente foi Charles Strauss, em um discurso datado de 1893 (cf. Kamenetz, 1994).

A comitiva organizada para conhecer Dalai Lama em Dharamsala foi composta por cerca de dez membros, entre eles rabinos de diferentes correntes judaicas, acadêmicos e estudiosos do judaísmo. O médico e também acadêmico Marc Lieberman, declaradamente judeu e budista, quando perguntado sobre sua religião e a relação entre o judaísmo e o budismo, afirmou: "eu tenho raízes judaicas e asas budistas". Tal metáfora permaneceu de forma muito significativa em minhas leituras e estudos para este livro. Será que a conclusão a que eu chegaria seria que os judeus aqui em São Paulo têm raízes judaicas e asas espíritas? É uma pergunta relevante e que me acompanharia até o fim desta escrita. Voltaremos a ela nas "Considerações finais".

Uma das principais personalidades que fizeram parte da comitiva de 1990 foi o rabino Zalman Schachter-Shalomi[2] (nascido em 1924 na Polônia). Rabino Zalman foi o responsável pelo movimento de renovação judaica nos Estados Unidos (chamado, em inglês, de *Jewish Renewal*). Apesar de ter pertencido a uma corrente ortodoxa do judaísmo chamada Chabad-Lubavitch (a ser esclarecida no capítulo "Hassidismo e sua herança no século XXI"), abandonou-a e quando jovem posteriormente obteve um mestrado em Psicologia da Religião pela Universidade de Boston. Ministrou aulas sobre o assunto e talvez tenha sido um dos rabinos mais controversos no cenário americano do século XX. Foi ele a força que liderou o movimento judaico de contracultura nos Estados Unidos, fundou o seu próprio movimento de renovação e "cruzou fronteiras de todos os tipos" (Kamenetz, 1994, p. 73).

Para Schachter-Shalomi, e também para Kamenetz, uma das questões mais importantes do porquê de o judeu tentar encontrar outras tradições (ou mesmo deixar o judaísmo) em outras religiões ou movimentos é um *apelo pelo exótico* – a mística judaica era inacessível durante a escola e durante a vivência judaica formal, a ponto de algumas pessoas ficarem surpresas com sua existência. Em depoimento presente no livro de Kamenetz (1994, p. 150), o rabino Zalman afirma que:

[...] o lado místico e o esotérico foram suprimidos pelos movimentos mais liberais judaicos, começando com o movimento reformista alemão do século XIX. Tudo que se aproximava do misticismo era colocado de lado. [...] Então, estão sedentos nesse sentido.

Vários dos entrevistados do autor, tanto durante o tempo que passaram na Índia e no Tibete quanto depois (Kamenetz entrevista alguns judeus budistas nos Estados Unidos para concluir suas reflexões), afirmam que poderiam ter se interessado pelo lado místico do judaísmo se assim fosse ensinado na escola, por exemplo, mas nunca houve nenhum ensinamento dessa natureza. A mística, naquela época e no contexto americano, ou era ignorada ou ligada a um passado supersticioso. Além disso, os entrevistados afirmaram que os lados esotérico e místico estavam perdendo força no mundo judaico de então, e que havia mais judeus buscando esses aspectos em Dharamsala do que nas diferentes sinagogas espalhadas pelos Estados Unidos.

O autor ressalta com propriedade que a Cabala foi estudada de forma aprofundada (academicamente) somente a partir do grande professor e estudioso alemão Gershom Scholem (1897-1982) – primeiro professor de mística judaica da Universidade Hebraica de Jerusalém. Antes de Scholem, não havia quase ninguém com estudos nessa área.

Com relação às similaridades entre as duas religiões (judaica e budista), um dos entrevistados de Rodger Kamenetz afirma que é possível praticá-las, sim, juntas, e que elas "harmonizam muito bem", já que a disciplina ética e a generosidade são duas das mais importantes características do judaísmo e do budismo. Kamenetz ainda afirma que Dalai Lama conseguiu captar um segredo essencial à sobrevivência judaica, a memória; e que a afirmação "lembre-se sempre" era comumente ouvida pelo próprio líder budista tibetano (também, é claro, fazendo um paralelo com seu próprio povo e sua própria condição, morando na Índia, junto com refugiados tibetanos).

Nosso objetivo (além dos já citados anteriormente) ao ler o livro mais uma vez, para a escrita final desta obra e para uma introdução mais clara deste trabalho, foi realmente analisar que o papel do judaísmo no Brasil, com o espiritismo em sua volta, pode ser comparado com o papel do judaísmo nos Estados Unidos, com o budismo em sua volta. Há muitas diferenças, é claro. Mas há também muitas semelhanças na maneira de ver o judaísmo e na forma como recebemos essa identidade, herança ou religião, como será discutido ao longo deste livro.

Os dois livros citados nestas páginas iniciais foram fundamentais para a construção deste trabalho, assim como metodologicamente e reflexivamente ao longo dos anos de pesquisa. Foram, assim, o início da motivação quando do ingresso no programa de pós-graduação em Ciência da Religião, até a finalização deste texto.

Refletindo agora sobre a justificativa desta empreitada, uma questão fundamental, e que será discutida muitas vezes aqui, é a necessidade de estudos sobre judaísmo contemporâneo no Brasil. Referimo-nos ao Brasil pois é onde a pesquisa foi feita e porque, empiricamente, vemos uma busca por uma identidade ou por uma "volta às raízes", sem necessariamente ter-se claro o que isso quer dizer. Talvez outras práticas religiosas que façam sentido ou um conhecimento maior do próprio judaísmo possam ajudar nessa procura.

Foram feitas pesquisas em várias bases de dados para verificarmos que se trata de um tema inédito e, além disso, relevante, já que também não há pesquisas qualitativas e/ou quantitativas sobre quem é o judeu brasileiro e paulista de hoje. Tal reflexão nas comunidades judaicas do país precisa ser feita academicamente, e também de forma não acadêmica, para entendermos para onde vamos, o que será a comunidade no futuro e como o judaísmo sobreviverá (além de como será).

Vale sempre ressaltar o porquê de não haver tantas pesquisas sobre o judaísmo contemporâneo. A primeira e mais importante das razões é que os estudos se concentram, por razões óbvias, no Holocausto, no extermínio de seis milhões de judeus na Segunda Guerra Mundial. Como dissemos anteriormente, a essência da sobrevivência judaica está na memória e no não esquecimento, e por isso – justificadamente – existem tantas pesquisas acadêmicas, filmes, livros, mostras em museus etc. De acordo com Kamenetz (1994, p. 188): "o ódio em relação ao Holocausto paralisou muitos judeus espiritualmente e emocionalmente, e, conforme aprendo sobre o porquê de os judeus terem deixado a tradição, fico cada vez mais consciente do alto preço que o ódio cobrou".

Contudo, é preciso ressaltar a necessidade clara de estudos que vão além da tragédia. De qualquer forma, é sempre importante enfatizar que, em nenhum momento, há a minimização da necessidade desse tema ou de sua lembrança para que tudo isso não volte a acontecer.

Depois de apresentar as reflexões iniciais da trajetória desta investigação, apresentamos a hipótese que tentaremos confirmar ao longo do livro: há um judaísmo espírita na cidade de São Paulo. Para chegarmos a respostas, foi necessário delimitar o objeto de investigação: a comunidade judaica *ashkenazi* (judeus originários da Europa do Leste, como Polônia, Alemanha, Romênia – essa definição será mais aprofundada em capítulo posterior) da cidade de São Paulo; mais precisamente uma parcela de seus membros que, de uma maneira ou de outra, praticam rituais espíritas no dia a dia, sem abandonar o judaísmo. Tal parcela é aquela que chega ao Brasil na grande massa migratória do início do século XX, em sua maioria fugindo da Europa em busca de uma vida melhor, antes da Segunda Guerra Mundial. Foram pesquisados os mais idosos, ou os primeiros imigrantes, e os mais jovens (filhos e netos desses pioneiros), que "herdaram" de seus pais e avós certas práticas espíritas. Também entraram na pesquisa aqueles judeus que seguem o espiritismo por influência de outros, não necessariamente familiares, mas vizinhos, amigos, conhecidos etc.

Na pesquisa bibliográfica realizada para guiar esta pesquisa, não foram encontrados trabalhos a respeito de judaísmo e espiritismo juntos, em um mesmo livro, artigo ou qualquer outra referência acadêmica. Portanto, a parte teórica deste texto – exposta nos três primeiros capítulos do livro – abordará aspectos do judaísmo, do hassidismo e do espiritismo, sendo a trajetória escolhida a seguinte: no capítulo "Judaísmo e a indefinição", abordaremos diversas possibilidades do que vem a ser o judaísmo – não somente como uma religião, mas também como identidade, povo, cultura, etnia, herança etc. Não há a preocupação de se chegar a uma conclusão sobre o que é o judaísmo hoje ou o que ele foi, mas pretendemos afirmar sua multiplicidade e mostrar a importância da discussão sobre o assunto, de maneira a embasarmos a hipótese.

No capítulo 2, "Hassidismo e sua herança no século XXI", voltamos a elementos místicos de antes do hassidismo, assim como sua fundação e sua herança. Quando falamos de mística judaica, estamos falando de cabala ou de hassidismo. Tal capítulo abordará este último de forma aprofundada, assim como o movimento hassídico mais forte e numericamente abrangente que existe no judaísmo, o Chabad Lubavitch, seu líder e sua filosofia. Mostraremos como o líder Menachem Mendel Schneerson, com atitudes e posturas únicas, alavancou o movimento e fez com que a mística voltasse a ter outro tipo de representatividade na vida do judeu hassídico e do não hassídico. Questões relacionadas ao misticismo e à mediunidade do líder também serão trabalhadas.

No capítulo "Espiritismo", abordaremos o espiritismo como doutrina, filosofia e religião, da mesma maneira como seu fundador, Allan Kardec, o havia "decodificado". Além do tema inicial e de explicações gerais sobre o assunto, algumas relações entre o judaísmo e o espiritismo serão apontadas, assim como a psicografia – prática essencial no movimento espírita. A principal figura do espiritismo brasileiro foi, sem dúvida, Chico Xavier. Um breve relato acerca desse homem e sua ligação com o judaísmo serão apresentados nesse capítulo. Também o livro citado no início desta introdução, *Quando se pretende falar da vida* (família Muszkat), tem papel fundamental nas ideias ali expostas.

Finalmente, no capítulo "Judaísmo kardecista em São Paulo", encontram-se as pesquisas de campo. Como será demonstrado de forma mais pormenorizada no início dele, as pesquisas de campo foram realizadas ao longo de quatro anos, com frequência praticamente semanal, em duas casas judias onde é realizado o ritual espírita chamado "Evangelho no lar". Os relatórios de observação darão conta da organização do espaço, das preces iniciais e conclusivas, das leituras e das lições semanais, além de apresentar os rituais de incorporação detalhadamente.

As "Considerações finais" unirão as reflexões realizadas durante todo o percurso, e, assim, a hipótese poderá (ou não) ser confirmada.

Algumas outras observações importantes, em termos de esclarecimentos gerais, são necessárias aqui na introdução deste trabalho. A primeira delas é que ele não foi feito por uma historiadora, portanto, em alguns momentos, haverá uma narrativa cronológica (como a do segundo capítulo), e em outros o foco estará nos fatos e não nos detalhes de datas (como no terceiro capítulo). O enfoque não foi cronológico, mas procurou-se dar destaque a fatos importantes ao longo da escrita.

Em se tratando de vocabulário, muitas palavras estrangeiras aparecerão, mais especificamente na língua hebraica e na língua iídiche, pela temática da pesquisa. Não há concordância nem consenso de como elas devem ser usadas na língua portuguesa, já que são escritas em outro alfabeto (não há regra única). Optamos por uma escrita próxima da fala, que facilite a leitura em um primeiro momento. Seu significado será explicado, conforme a relevância, no corpo do texto ou em nota de rodapé.

Ainda me referindo ao vocabulário em língua estrangeira, como já dito anteriormente, a bibliografia está repleta de referências em língua inglesa (com relação ao judaísmo – filosofia, antropologia, sociologia etc. –, a maioria das publicações e pesquisas acadêmicas no mundo é feita nesse idioma), e a responsabilidade de todas as traduções é minha.

Por fim, vale lembrar que este trabalho tem como pano de fundo motivação e curiosidade pessoais que me acompanham há muito tempo. O objeto de estudo é o segmento da comunidade judaica paulistana *ashkenazi*, e a justificativa primordial – por conta da quase não existência de estudos contemporâneos sobre judaísmo hoje – é a ausência de bibliografia sobre o tema.

JUDAÍSMO E A INDEFINIÇÃO

> *O judaísmo nos ensina que devemos permanecer um povo. Nós devemos ser mais que um povo.*
> ABRAHAM JOSHUA HESCHEL

Escrever um capítulo sobre judaísmo e tentar chegar a algumas conclusões talvez seja tarefa das mais difíceis ou, quem sabe, até impossível. Por isso, este não é o objetivo deste capítulo – não chegaremos a nenhum consenso sobre o que seria a religião judaica hoje, nem se judaísmo é somente uma religião. O objetivo é mostrar para onde estamos caminhando quando o judaísmo é questionado e o que as suas diversas definições, ao longo dos últimos duzentos anos, nos trazem de concreto para entendermos o que o judaísmo representa para o objeto da presente pesquisa.

Na última entrevista que deu em vida para um programa de TV americano chamado *The Eternal Light*, no ano de 1972, o rabino e filósofo Abraham Joshua Heschel (1907-1972), que será citado ao longo deste livro, disse que o central na vida do homem é o problema, é ter problemas. Ter dilemas e problemas e tentar solucionar embates e desafios é central na vida judaica. O rabino complementa dizendo que a grandeza do homem está em como ele soluciona os desafios que estão presentes na sua vida, e que um homem sem problemas está morto. Esta é a essência da discussão judaica – ter várias opiniões, discutir sem ter como objetivo principal a total eliminação de dúvidas. Por isso, este capítulo tem no título a *indefinição*.

Ele será dividido em duas partes – a primeira tratará da falta de unidade ou da multiplicidade de definições acerca do judaísmo. E, mais uma vez, não há pretensão de chegarmos a uma resposta única em relação a "o que é o judaísmo". Partiremos de citações e estudos de vários autores (entre filósofos, escritores, cientistas sociais, antropólogos etc.) para então tentarmos compreender o que vemos hoje, na contemporaneidade, mais precisamente em São Paulo: as várias formas de judaísmo. A segunda parte do capítulo descreverá a população/comunidade judaica na mesma cidade.

A ideia central é vermos o que tais autores escrevem e como definem o "judaísmo" (ou não) para embasarmos a nossa hipótese de termos um judaísmo-espírita na metrópole paulistana desde, mais especificamente, a vinda dos judeus do Leste Europeu (alvo deste trabalho) para São Paulo no começo do século XX.

1.1 A indefinição

Desde que as pesquisas foram iniciadas para este trabalho, várias noções e definições sobre a "religião judaica", o "judaísmo", a "cultura judaica", o "ser judeu" surgiram, a partir das leituras realizadas, das discussões no grupo de pesquisa e em aulas. Nesse caminho também surgiu a questão da delimitação cronológica: estamos falando de qual judaísmo? Pós-destruição do segundo templo? Pós-Holocausto?[3] A opção foi fazer um capítulo sobre várias definições e tentativas explanatórias do que seria o judaísmo, principalmente na contemporaneidade, de acordo com diferentes autores.

Iniciamos com o livro do escritor israelense Amos Oz *Os judeus e as palavras*,[4] relevante para entendermos algumas questões da cultura judaica. Ao introduzir o tema principal de seu livro (o qual ele escreve junto com a filha historiadora – Fania Oz-Salzberger), o autor esclarece aos leitores que a obra é escrita por um "judeu-ateu", que é como a maioria do povo israelense se define, e, portanto, opta por enfatizar essa questão ao longo das páginas da obra.

O que une Amos Oz aos outros judeus? O que, para ele, é ser judeu? Ele entende o judaísmo como: "[...] línguas, costumes, estilos de vida, sensibilidades características (ou talvez dever-se-ia dizer sensibilidades que costumavam ser características), literatura, arte, ideias e opiniões. Tudo isso é judaísmo [...]. É uma herança ampla e abundante" (Oz; Oz-Salzberger, 2015, p. 210-1). É possível perceber que não há uma definição única, mas há algo plural e multifacetado no entendimento de Oz. Algo como: "o judaísmo pode ser tudo e/ou estar em tudo". Talvez não seja mais uma questão religiosa, como ele nos diz.

Dando continuidade com alguns escritores de nosso tempo, citamos o jornalista contemporâneo norte-americano Theodore Ross, que, curioso sobre sua própria identidade, faz uma busca relacionada ao seu passado judaico. Este é, aliás, um traço comum em vários escritores judeus contemporâneos estudados: a busca por suas raízes, sua história, sua herança, de onde vêm determinados costumes etc. O autor relata que foi criado sem qualquer referência judaica – sem estudar em escolas judaicas ou frequentar sinagogas, por exemplo –, mas começou, em determinado ponto da vida, a questionar seus valores e crenças e de onde eles teriam vindo. Resolveu ir em busca de algo que lhe desse respostas em relação ao seu judaísmo. Escreveu um livro chamado *Am I a Jew?* [Sou um judeu?] e logo de início faz a seguinte constatação em relação à família:

> Para a minha família, e para muitas das famílias atuais judias americanas, a fé não é fé, mas sim uma cultura, uma sensibilidade, uma

forma de humor, um conjunto de gostos, um cânone da literatura, uma filosofia de trabalho e educação que se cruzavam, na prática, somente nas festas da Páscoa judaica e *Hanuká*. E nem sempre. (Ross, 2013, p. 4)

A antropóloga Misha Klein (professora na Universidade de Oklahoma, nos Estados Unidos) teve uma experiência interessante, quiçá impossível, ao tentar definir o que é judaísmo em suas pesquisas. A autora passou alguns meses na cidade de São Paulo, no começo dos anos 2000, para escrever sua tese de doutorado, a qual virou um livro intitulado *Kosher Feijoada and Other Paradoxes of Jewish Life in São Paulo* [Feijoada *kasher* e outros paradoxos da vida judaica em São Paulo]. Na introdução da obra, ela se vê confusa com as diferentes facetas e características da comunidade judaica paulistana e diz que, para definir quais judeus entrevistar e quais não entrevistar, seguiria a definição do também antropólogo americano Melville Herskovits (em Klein, 2012, p. 11), de um livro de 1927: "um judeu é uma pessoa que fala que é judia ou é chamada de judia por outras". Só assim foi capaz de encerrar a questão sobre a qual havia muito refletia e conseguiu dar continuidade às entrevistas para a sua tese.

A autora também descreve que os brasileiros em geral, com suas categorias raciais fluidas, têm identidades múltiplas, mesmo aquelas que podem ser aparentemente contraditórias (como a ironia no título do livro: uma feijoada *kasher*). Klein também vê a realidade por trás da conhecida anedota sobre judeus "onde há dois judeus há três opiniões", algo que ela consegue nitidamente perceber nas conversas e entrevistas com a comunidade judaica paulistana. Ao final da sua temporada na metrópole, a autora diz que tal afirmação é ainda mais verdadeira quando falamos de religião, e que diferentes interpretações sobre o judaísmo levam a diferentes práticas dentro do mesmo judaísmo.

Outra obra que aborda essa questão judaica multifacetada, mais especificamente da comunidade judaica americana, é *The Jew in the Lotus* [O judeu no Lótus], apresentada na introdução. Embora o foco do presente trabalho não seja essa realidade, vale ressaltar o que diz o professor Joseph Blau já há algumas décadas: que o judaísmo americano produziu o maior número de interpretações sobre o que é ser judeu, sob essa condição moderna e também sob as mais variadas interpretações (Blau, 1966, p. 153). Mas, ao retornarmos especificamente para essa questão na obra de Kamenetz (1994), vemos que o autor descreve, de maneira bastante aprofundada, os judeus-budistas de Nova York e as proximidades entre o judaísmo e o budismo, além de explicar como a figura de Dalai Lama é respeitada pela comunidade judaica americana secular. Além de afirmar que há judeus budistas reconhecidos desde o final do século XIX (pesquisa realizada nos Estados Unidos), afirma que há alguns judeus que se tornaram lamas tibetanos. Podemos dizer, de forma generalizada, que há também judeus budistas em São Paulo, ou judeus que praticam alguns rituais budistas, mas não foi possível encontrar documentos sobre o assunto, obras publicadas ou pesquisas de qualquer tipo realizadas aqui no Brasil.

Kamenetz (1994) cita como exemplo Jeffrey Miller (hoje Surya Das), o primeiro judeu a tornar-se um lama tibetano. Atualmente, Surya Das é uma figura de extrema importância dentro do budismo americano, sendo um grande conhecedor da religião e dos seus ensinamentos. Em uma entrevista com a mãe de Jeffrey, ela afirma que estaria 100% feliz se o filho fosse um rabino, mas agora que ele é um Lama tibetano e completamente realizado, ela diz que é 99,5% feliz. Jeffrey fez *bar-mitzvá*[5] e se afirma judeu. O Lama conta que há muitas questões que ligam o judaísmo ao budismo – ambas as religiões enfatizam o questionamento, o ceticismo intelectual, o debate e o diálogo. Jeffrey também menciona em uma entrevista de 2014 outros fatores que conectam as duas religiões – ambas têm quantidades mínimas de dogmas, além de uma tradição oral rica e um senso de humor irônico.

Vale novamente enfatizar que faço essas reflexões e citações para mostrar a pluralidade dentro de um judaísmo que, visto de forma superficial e talvez leiga, pode ser encarado como uma religião de características únicas e, em alguns casos, bastante estereotipada em um país como o Brasil.

Voltando à questão da busca pessoal por identidade na contemporaneidade, no livro *Roots Shmoots: Journeys Among Jews* [Raízes *shmaizes*:[6] viagens entre os judeus], o escritor britânico Howard Jacobson vai atrás de suas raízes judaicas, pois se identifica com várias das questões religiosas na cidade inglesa na qual vive e, ao mesmo tempo, não consegue se identificar com outras relativas ao judaísmo. Resolve, então, fazer uma viagem por alguns países (Reino Unido, Estados Unidos, Israel e Lituânia) a fim de tentar buscar algumas explicações que não são encontradas facilmente no seu cotidiano inglês. O judaísmo, para ele, pode ter também muitas definições e aparece das mais diversas formas. O autor escreve: "A velha questão: Quem é judeu realmente? Minha resposta: Qualquer um que não faça essa pergunta". Uma das pessoas entrevistadas por Jacobson, em sua busca, responde: "Ser judeu para mim é como uma nota nas nossas vidas, não como a sinfonia inteira" (Jacobson, 1994, p. 279). Estas são algumas discussões relatadas no livro. A busca pessoal do autor também nos leva a reflexões sobre o que entendemos do judaísmo no âmbito individual, algo que será discutido ao longo deste trabalho.

A professora Leora Batnitzky, da Universidade de Princeton, nos Estados Unidos, escreveu uma obra cujo título *How Judaism Became a Religion* [Como o judaísmo se tornou uma religião] nos coloca vários desafios em relação ao entendimento da religião judaica, assim como discussões ligadas ao pensamento judaico como um todo (filosofia, política, sociologia, antropologia, entre outros temas). No início de sua reflexão, ela coloca que "antigamente o judaísmo e o *jewishness*[7] eram ao mesmo tempo religião, cultura e nacionalidade" (Batnitzky, 2011, p. 2). Com esse argumento, a autora inicia sua tese afirmando que o judaísmo se transforma em religião depois do pensamento iluminista de Moisés Mendelssohn, pensador e filósofo alemão considerado "pai do judaísmo reformista". Mendelssohn (1729-1786) tinha como objetivo, em linhas gerais, fazer com que os judeus dos guetos, em sua maioria, pudessem ter acesso a uma vida fora dele, a uma vida secular, e fossem parte da sociedade civil, ou até que o "judeu perdesse o medo do mundo externo". O filósofo iniciou um processo que seria chamado de iluminismo judaico,[8] que tinha como meta exatamente fazer com que os judeus não vivessem mais em um gueto físico nem intelectual e que pudessem ter acesso à sociedade europeia como um todo. Uma de suas grandes realizações foi traduzir a Torá para a língua alemã, para que mais pessoas tivessem acesso ao texto sagrado. Para Mendelssohn (em Feldman, 2004, s.p.), "o judaísmo não exige de seus adeptos uma 'fé cega', senão a compreensão e o cumprimento das leis históricas e morais". Vários de seus discípulos, ao longo dos anos, foram os responsáveis pelos processos de modernização da religião judaica – chegando aos movimentos reformistas e também às ideias sionistas.

Batnitzky (2011, p. 49) afirma que:

> [...] os pensadores judeus continuam a lutar contra a ideia de que o judaísmo é uma religião, apesar de ainda afirmarem isso em contextos geográficos, políticos e históricos, assim como dentro de sistemas ideológicos aparentemente contraditórios. (Batnitzky, 2011, p. 49)

A autora desenha um panorama essencial para entendermos o judaísmo ao longo, principalmente, dos últimos séculos, chegando ao momento crucial do pós-Holocausto, pós-Segunda Guerra Mundial. Um dos pensadores citados pela pesquisadora é Samson Raphael Hirsch (1808-1888), um judeu intelectual, rabino de uma das comunidades alemãs no século XIX e que teve bastante influência no movimento judaico ortodoxo europeu como um todo. Hirsch estudou línguas clássicas, filosofia e história na Universidade de Bonn. Contrapondo-se ao pensamento de Mendelssohn, ele afirma:

> O judaísmo não é uma religião, a sinagoga não é uma igreja, e o rabino não é um padre. Judaísmo não é um mero adjunto da vida; ele compreende toda a vida. Ser judeu não é uma mera parte, é a soma total

de nossa tarefa na vida. Ser um judeu na sinagoga e na cozinha, no campo e no depósito, no escritório e no púlpito, como pai e como mãe, como servo e como senhor, como homem e como cidadão, com o pensamento na palavra e na ação, na felicidade e na privação, com a agulha e a ferramenta de esculpir, com a caneta e o cinzel – isso é o que significa ser judeu. Uma vida inteira apoiada pela ideia divina, e vivida e preenchida de acordo com o desejo divino. (Hirsch, em Batnitzki, 2011, p. 41)

É possível notar que as ideias de Hirsch ainda permanecem nas discussões judaicas do século XXI, principalmente fazendo parte das questões hassídicas que serão vistas e explanadas no próximo capítulo: o judaísmo como uma totalidade, mas não só como uma questão religiosa, está além dos portões de uma sinagoga ou de uma casa judaica, é a "totalidade da vida".

Seguindo com a questão de o judaísmo ser considerado mais amplo que uma religião somente, faz-se necessário recorrer às ideias do filósofo, rabino e pensador judeu, já citado neste capítulo, Abraham Joshua Heschel. Heschel realizou seus estudos na Europa (Universidade de Berlim e Instituto de Estudos Judaicos de Varsóvia) e chegou aos Estados Unidos, mais precisamente na cidade de Nova York, em 1940, fugindo do nazismo. De 1946 até a sua morte, em 1972, Heschel lecionou no Jewish Theological Seminary (em Nova York). Em uma de suas principais obras, *Deus em busca do homem*, afirma que a consciência e a vida judaica só podem ser entendidas em termos de um padrão dialético – que há sempre ideias opostas e contrastantes:

> Como num ímã, cujos lados têm propriedades magnéticas opostas, esses termos são opostos um ao outro e exemplificam uma polaridade que reside no coração do próprio âmago do judaísmo; a polaridade de ideias e de acontecimentos, do *mitzvá*[9] e do pecado, da *kavaná*[10] e das ações, da fidelidade e da espontaneidade, da uniformidade e da individualidade, da *halachá*[11] e da *agadá*,[12] da lei e da espiritualidade, do

amor e do medo, da compreensão e da obediência, da alegria e da disciplina, do impulso do bem e do impulso do mal, do tempo e da eternidade, deste mundo e do mundo que virá, da revelação e da reação, do discernimento e da informação, da empatia e da autoexpressão, da crença e da fé, da palavra e do que está além da palavra, da busca do homem por Deus e de Deus em busca do homem. Mesmo a relação de Deus com o mundo se caracteriza pela polaridade da justiça e da misericórdia, da providência e do segredo, da promessa de recompensa e da exigência de O servir acima de tudo. (Heschel, 2006, p. 163)

Heschel diz que a polaridade é "um traço inerente a todas as coisas", fazendo parte da vida judaica como um todo. A polaridade de ideias existe dentro de uma mesma comunidade judaica, por mais coesa que ela possa parecer. As discussões, as ideias opostas e os pensamentos diferentes convivem e fazem parte do judaísmo.

Além disso, "para Heschel, todas as conceitualizações da religião são reflexões posteriores, frágeis acomodações da realidade à mente e à linguagem humana. Afinal, que tipo de deus Ele seria se pudéssemos compreender sua 'abrangência'?" (Gillman, 2007, p. 169). Gillman, professor de filosofia e teologia do Jewish Theological Seminary, discute o que é o judaísmo hoje de acordo com o que aprendeu com os seus professores Mordecai Kaplan e Heschel (ambos nas referências bibliográficas deste trabalho). Ele concorda com Kaplan (em Gillman, 2007, p. 21) quando este diz: "há três meios possíveis de se identificar com uma comunidade religiosa: por meio do comportamento, da fé ou da pertinência". Kaplan dizia que a pertinência é o mais forte – é praticamente um sentido intuitivo de parentesco que une um judeu a outro judeu qualquer – em qualquer momento da história e principalmente no mundo contemporâneo. É isso que podemos observar nas comunidades judaicas que se formam nos mais variados lugares. Poder-se-ia dizer que tal explicação somente não seja suficiente para um "ser judeu", mas o que vemos atualmente é que isso dá o tom de pertencimento, por exemplo, em comunidades na cidade de São Paulo.

Outra reflexão essencial para a pluralidade da comunidade judaica tanto no Brasil quanto em outros países é o fato de não haver uma autoridade máxima como há em outras religiões (o Papa, por exemplo, no cristianismo). De acordo novamente com Gillman (2007):

> Uma das glórias da tradição filosófica judaica é que nunca houve uma autoridade máxima – um papa, um rabino chefe, ou um painel de filósofos – que tivesse o poder de julgar uma afirmação de fé judaica autêntica e outra, herege. A comunidade interessada decide – por sua própria disposição de estudar e ensinar, de se apropriar e transmitir a afirmação para seus filhos e alunos. A mera prontidão em fazer isso tudo é, em si mesma, a prova de sua veracidade. (p. 31)

Esta é uma afirmação relevante dentro do judaísmo – se uma pessoa frequenta uma sinagoga ou um movimento religioso específico, segue o que o rabino do local diz. Se para outra o judaísmo é algo individual, ou melhor, se frequenta sinagogas diferentes nas diversas festividades, não há um único líder religioso a seguir ou acatar. O "ser judeu" de forma individual é ainda algo mais complexo e único, porém, ao mesmo tempo, múltiplo.

Seguindo para certos dados históricos sobre o judaísmo, no livro *Breve história dos judeus*, o professor contemporâneo de história e cultura judaica Michael Brenner encerra seu relato detalhado sobre a história do judaísmo com várias reflexões. Depois de contar a história dos judeus no mundo, suas peregrinações e movimentos ao longo de séculos e séculos, ele conclui:

> Tornou-se impossível dar resposta universalmente válida à questão de saber "quem é judeu". Será que só se incluem aí os filhos de mãe judia ou também os de pai judeu? Será necessária uma profissão de fé no judaísmo ou será bastante a descendência sanguínea? Nenhuma dessas perguntas tem uma resposta inequívoca. (Brenner, 2013, p. 351-2)

Ele ressalta ainda que é impossível chegarmos a um número exato de judeus no mundo. Pensando dessa forma, como não há definição única e cada indivíduo pensa o seu judaísmo de forma própria, é tarefa quase impossível a contagem exata e concreta do número de judeus.

Darío Sztajnszrajber, filósofo e professor argentino, dá o nome de pós-judaísmo ao que vivemos dentro do judaísmo hoje. Na obra organizada por ele e publicada em 2007, *Posjudaísmo: debates sobre lo judío en el siglo XXI*, ele afirma:

> Devo a Pablo Dreizik a metáfora da taça. O judaísmo é como uma taça que caiu e se estilhaçou, e cada pedacinho deseja voltar a ser parte da taça inteira. O tema, que é, por um lado, a melancolia pela taça inteira, talvez seja uma quimera, e o ideal da taça em perfeito estado talvez não passe de um sonho: nunca houve mais do que fragmentos dispersos e nos iludimos com a existência anterior de uma taça intacta. Por outro lado, na reconstrução, na remontagem de um judaísmo único, que pedacinho da taça estilhaçada serviria de modelo para a taça refeita? O pedaço mais poderoso? E o resto? (Sztajnszrajber, 2007, p. 30)

A metáfora usada pelo autor é bastante pertinente quando queremos entender o judaísmo como um todo — é mais um exemplo que nos diz que não é mais possível entendermos a religião judaica como algo único. E qual é a "verdade" mais válida? De qual grupo especificamente? Não há respostas sólidas e definitivas, muito menos respostas únicas. Podemos entender, é claro, a destruição da taça como a destruição do segundo Templo de Jerusalém, o *Beit Hamikdash* (em hebraico), que teria ocorrido no ano 70 d.C. Este teria sido o mais importante centro de culto e da vida judaica, e, de certa maneira, concentrava todo o mundo judaico. Depois dele, nunca mais houve nada de tamanha importância.

Continuando nesta mesma reflexão de não haver respostas, dirigindo-se especificamente a uma comunidade judaica brasileira, o rabino também brasileiro Nilton Bonder escreveu um texto chamado "Carta aos judeus", no mês de fevereiro de 2014, que foi publicado no site da Congregação Judaica do Brasil (CJB). O texto correu as redes sociais durante o começo daquele ano. Bonder é tido como um rabino reformista no meio religioso. Entende-se por reformista aquele rabino que tem ideias mais liberais e que não tem a figura, pode-se dizer, "tradicional" e mais reconhecida de um rabino ortodoxo (com roupas pretas, barba, chapéu etc.). Além disso, nos movimentos reformistas, uma série de rituais considerados essencialmente masculinos é realizada por mulheres também – como subir à Torá no momento do *bat-mitzvá*. O fato de mulheres e homens sentarem-se juntos durante as orações também é um aspecto não aceito nos movimentos tradicionais.

Ele inicia seu texto dizendo que "judaísmo não é religião", e que o que é realmente importante é o senso do coletivo. Para ele, o judeu é aquele que tem o vínculo do coletivo, a identidade, e não quem tem mãe judia, conforme explicação dada ao longo do tempo. Bonder ainda complementa que "quando um judeu se casa com uma pessoa de outra religião, isso não coloca em risco o judaísmo. A ameaça acontece somente quando o judeu em questão perde a noção de *Klal Israel*"[13]. De acordo com ele, o casamento misto (entre uma pessoa judia e uma não judia) não é pecado; o pecado é a incapacidade de acolher normas e convenções do coletivo.

Tal texto pode vir a mudar toda uma dinâmica de um grupo dentro de uma coletividade judaica, posto que o rabino Nilton Bonder mantém uma posição bastante relevante nela. Tendo em mente o real objetivo deste texto, é possível pensar na população judaica que está fora da "comunidade", seja por casamentos mistos, seja por não serem filhos de mães judias e, assim, se sentirem "seculares" demais para frequentar uma sinagoga, um centro judaico, um movimento juvenil ou outro lugar de essência judaica, seja por já terem também adquirido outros hábitos de outras religiões brasileiras, por exemplo. O rabino oferece a essa grande parcela de judeus no Brasil, principalmente, uma possibilidade além do judaísmo tradicional e ortodoxo. Ele talvez esteja legitimando práticas já vivenciadas por grupos judaicos e dizendo para tais pessoas que elas ainda são judias, dando oportunidade a elas de voltarem a frequentar tais ambientes, se assim for o caso e o desejo de cada um.

Nilton Bonder ainda retorna à questão histórica da religião judaica ao relatar uma série de fatos de que o judeu secular, residente de São Paulo, por exemplo, não tem conhecimento. Uma das questões é a mesma abordada por outros historiadores e filósofos, como Leora Batnitzky, anteriormente vista neste capítulo: que o judaísmo passa a ser uma religião em si, tal qual conhecemos hoje a partir do iluminismo judaico, na Europa.

Os pontos mencionados abrem precedentes mais do que relevantes para essa pesquisa, já que podem legitimar, se é possível usarmos esse verbo, práticas além das judaicas.

O rabino Nilton Bonder também escreveu uma obra em 2001, junto com o sociólogo uruguaio, naturalizado brasileiro, Bernardo Sorj, intitulada *Judaísmo para o século XXI: o rabino e o sociólogo*. Os dois escrevem vários artigos nos quais refletem sobre o judaísmo e mais especificamente sobre o judaísmo brasileiro. No início de um dos artigos, Sorj (em Bonder e Sorj, 2001, p. 33) esclarece:

> Como é possível ser agnóstico ou ateu e judeu ao mesmo tempo? Esta pergunta, que ouço repetidamente, supõe que o judaísmo se reduz a uma religião. Explico então que o judaísmo inclui uma tradição religiosa com uma diversidade de correntes, mas que a partir do início dos tempos modernos ele se diversificou, criando versões seculares ou mesmo militantemente ateias que o transformaram em algo que certos autores designaram como uma tradição cultural nacional e, outros, como uma civilização.

Tendo em mente ainda a pergunta "como é possível ser agnóstico ou ateu e judeu ao mesmo tempo?", que talvez possa justificar todo este primeiro capítulo, vemos que o tema é algo refletido e analisado de forma recorrente. Mais precisamente sobre o judaísmo no Brasil, Sorj (em Bonder e Sorj, 2001, p. 39) diz:

> A sobrevivência do judaísmo no Brasil depende da capacidade de ser cada vez mais "assimilado", de integrar a escola de samba no Purim,[14] de mostrar as inter-relações entre a história do Brasil e a dos judeus, de fazer *tsedaká* ("fazer justiça"/caridade) junto às populações carentes, de absorver os casamentos mistos reconhecendo neles um caminho de enriquecimento da comunidade e do judaísmo [...] A questão, portanto, não é quão assimilados são os judeus do Brasil já que ninguém está em posição de ser juiz de seu próximo, mas qual é a riqueza do judaísmo brasileiro, quanto conseguiu produzir e inovar para se transformar em referência criativa para cada um de nós.

Esta é uma das questões essenciais na presente pesquisa. O judaísmo brasileiro se moldou em relação aos rituais religiosos no Brasil de tal forma que estes foram incorporados por vários judeus, sem que deixassem de considerar a si mesmos membros da religião judaica.

Bernardo Sorj, ainda em outra publicação organizada por Bila Sorj, *Identidades judaicas no Brasil contemporâneo,* escreve um artigo com o título "Sociedade brasileira e identidade judaica", no qual faz a seguinte reflexão:

> [...] o judaísmo brasileiro beneficiou-se do sincretismo e também participa dele. Embora não existam estudos quantitativos, a absorção de crenças e práticas espíritas e predisposição em utilizar serviços de curanderia originados de outras crenças é bastante difundido entre os membros da comunidade. (Sorj, 1997, p. 21)

Embora o artigo tenha sido escrito em 1997, que se tenha notícia, não foi publicado nenhum estudo quantitativo sobre o número de judeus no Brasil que têm essas práticas, os quais são o objeto desta pesquisa. O autor ainda afirma dois pontos cruciais sobre as pesquisas desse grupo no Brasil: que os estudos sobre os judeus contemporâneos aqui no nosso país são poucos e esparsos, e que também "há uma falta de reflexão por parte da própria comunidade sobre as especificidades do judaísmo no Brasil" (p. 24). Mesmo decorridos estes anos todos depois da publicação do livro, ainda há poucas obras e estudos acadêmicos, em língua portuguesa, que ponderam sobre essa questão.

Refletindo ainda sobre a realidade brasileira, em um artigo do livro *Experiência cultural judaica no Brasil*, o professor Nelson H. Vieira discute a diáspora. A diáspora, por mais que defina o deslocamento, aqui se refere à dispersão dos judeus para outros locais do mundo, a partir do exílio na Babilônia, no século VI a.C. Atualmente, quando falamos "os judeus da diáspora", queremos dizer todos aqueles que não moram em Israel. O autor nos diz que eventuais conflitos podem surgir do encontro com diversas culturas e raças, com os judeus no Brasil, de forma mais específica, e, além disso, que "o conceito de diáspora sugere múltiplas anexações culturais e étnicas (não etnocêntricas), anexações simultâneas e/ou alternantes, mas sem uma afiliação absoluta e separatista ou uma imposição autoritária de uma cultura sobre a outra" (Grin; Vieira, 2004, p. 96). Quando falamos do objeto deste livro, vemos que não há uma imposição de uma cultura judaica sobre uma doutrina espírita ou vice-versa, mas que cada coisa é mantida, sem "mistura" ou conversão. A doutrina espírita será mais detalhada a partir do capítulo "Espiritismo".

O que se está tentando delinear nesta obra é um caso de sincretismo e não de hibridismo. De acordo com o historiador e antropólogo Sérgio Figueiredo Ferretti (1995, p. 217), o conceito de sincretismo "engloba outros sentidos do termo, a saber: mistura, paralelismo e convergência". Nas palavras do médico e antropólogo Arthur Ramos (em Ferretti, 1995, p. 45): "Seria preferível chamarmos ao resultado harmonioso, ao mosaico cultural sem conflito, com participação igual de duas ou mais culturas em contato, de sincretismo".

Marta Topel, socióloga do departamento de línguas orientais da Universidade de São Paulo e especialista em judaísmo, escreveu um artigo na *Revista da USP* publicado na edição de setembro/novembro de 2005, cujo título é "Judaísmo(s) brasileiro(s): uma incursão antropológica". Nele, a socióloga faz comparações entre os judeus da diáspora, mais precisamente os que vivem em Belém, e a comunidade judaica paulistana. Ela relata as especificidades da comunidade judaica paulistana, falando sobre a laicização dos judeus e também da chegada à ortodoxia de outros. Para tantas denominações diferenciadas, ela utiliza o que o rabino contemporâneo inglês Jonathan Sacks denomina de "judeu adjetivado", e conclui:

> Diante desse panorama, a proliferação de identidades hifenizadas permite esboçar a hipótese da existência de um judeu-amazônico, assim como existem o judeu-reformista, o judeu-secular, o judeu-gaúcho e o judeu-sionista só para dar alguns exemplos. Não devemos esquecer, por outro lado, que para esses grupos a identidade judaica convive com outras identidades tão ou mais importantes, como ser brasileiros, pertencer a algum partido ou movimento político, o compromisso com direitos humanos universais etc. (Topel, 2005, p. 196)

Neste livro a questão central é a acima descrita. A "hifenização" (ou adjetivação), o "judeu adjetivado", ultrapassa a questão política (judeu-socialista, judeu-sionista), a questão geográfica (judeu-paulistano, judeu-carioca), a questão intrínseca ao judaísmo (judeu-laico, judeu-ortodoxo, judeu-hassídico, judeu-reformista), e trata de questões relativas ao judaísmo que vão além: para outras religiões, doutrinas ou filosofias. Aqui, o judeu-espírita. O cientista social Lísias Negrão (2009, p. 122) afirma, após pesquisas relacionadas a pluralismo e multiplicidades, que:

> [...] a circulação pelo campo religioso, com frequências a grupos variados, mesmo que rápidas, ou o conhecimento livresco ou, ainda,

via mecanismos de comunicação, de outros conteúdos religiosos, que não aqueles característicos do grupo específico ao qual se declara pertença, culmina na porosidade entre crenças e práticas que passam a coexistir nas religiosidades individuais, não importando suas contradições internas e o controle das autoridades eclesiais de cada instituição.

Há a necessidade de estudos contemporâneos sobre o que significa a comunidade judaica atual – como ela se relaciona com a realidade brasileira e como a religião judaica, se chamarmos de religião mesmo assim, é traduzida no cotidiano dos lares judaicos.

Podemos observar que todas as citações e informações relacionadas neste capítulo refletem a mesma questão: uma busca por identidade no mundo contemporâneo que não se traduz nem se traduzirá em algo considerado puro, mas em uma mistura que resulta no ser judeu hoje.

De acordo com Bernardo Sorj (2001, p. 21):

> O judaísmo é um sentimento, uma experiência emocional de identificação com um universo psicológico e cultural que foge às definições, mas dentro do qual se incluem todos aqueles que de uma forma ou de outra se sentem identificados com ele. Isso porque o judaísmo moderno se fragmentou e todos os seus fragmentos fazem parte do judaísmo.
> As identidades judaicas na modernidade são múltiplas. Assim, a unidade do judaísmo não pode ser dada por uma única corrente que se sobrepõe às outras, mas pelo reconhecimento da contribuição de cada fragmento para a vida judaica, ainda que muitas vezes parte do que o outro acredita ou pratique fira nossa sensibilidade.

Veremos a seguir, de forma mais específica, algumas questões históricas e geográficas sobre quem é esse judeu que migrou para o Brasil, mais especificamente para São Paulo, no começo do século XX.

1.2 Considerações sobre o judaísmo paulistano

Como visto ao longo deste capítulo, não é possível falarmos de comunidade judaica ou judaísmo como algo único e monolítico em nenhum país do mundo, nem no Brasil e nem em uma metrópole como a cidade de São Paulo.

O objeto da presente obra são alguns membros da comunidade judaica *ashkenazi*[15] residentes na cidade de São Paulo, que nasceram aqui, cujos pais e/ou avós vieram em uma das grandes levas migratórias do início e da primeira metade do século XX. Há documentos de imigrantes judeus em São Paulo desde o século XIX, mas os números mais significativos foram nas primeiras décadas do século XX. A maioria *ashkenazi* que fixou residência na cidade (principalmente, de início, nos bairros Brás, Bom Retiro, Vila Mariana, Santa Cecília etc.) e também no estado de São Paulo como um todo ocupou posições relativamente baixas do comércio e da indústria. Desembarcavam no porto de Santos e chegavam à cidade pela Estação da Luz (por isso a grande população de imigrantes no bairro do Bom Retiro – ao lado da estação). O Bom Retiro se tornou urbano e avançou rapidamente por sua localização. Mais precisamente após a Primeira Guerra Mundial, vieram *ashkenazim* particularmente da Polônia, da Romênia e da Lituânia.

Entre os anos de 1933 e 1941, houve também a chegada de um grande número de judeus *ashkenazim* alemães que escapavam do horror nazista. De acordo com o geógrafo Carlos Alberto Póvoa (2010, p. 145):

> Rapidamente assimilaram a cultura local, pois não se estereotiparam com as vestes e nem com uso das *kipot*,[16] eram judeus modernos e preocupados com a manutenção de um judaísmo mais liberal, não falavam iídiche e eram avessos ao tradicionalismo religioso.

A importância do bairro do Bom Retiro, principalmente a partir do meio do século XX até o final dos anos 1990, é notória. Embora os imigrantes judeus estejam na cidade de São Paulo desde o século XIX, Póvoa (2010, p. 151) ressalta que "o Bom Retiro conservou-se majoritariamente judaico, constituindo-se quase como um gueto dentro da cidade de São Paulo". Lá, judeus de várias correntes religiosas viviam em certa harmonia. Foram fundadas sinagogas, escolas judaicas, instituições, restaurantes e associações culturais.

> O Bom Retiro ainda pode ser considerado um bairro judaico nas reminiscências coletivas da população paulistana, principalmente porque preserva certas características que nenhum outro bairro da capital conseguiu construir ao longo da passagem dos judeus por suas ruas. (Kogan, 2001, p. 34)

Dentro do bairro, assim como em outros distritos que receberam a população judaica no século XX, a comunidade se vinculou mais ao país, e também, é claro, mais aprofundada ficou a ligação com a cultura brasileira. Póvoa (2010, p. 152) afirma:

> Na tentativa de superar todas as adversidades culturais, os judeus fundaram escolas judaicas, bem como instituições juvenis e associações culturais. O território judaico começa a formar-se e configurar-se concretamente, pois a relação entre judeus e o lugar estava se fortalecendo. Esses lugares tiveram a função de complementar a sua identidade com a sua nova história territorial.

O professor e sociólogo Henrique Rattner, em uma pesquisa publicada em 1977, ao usar o mesmo argumento de Herskovits ("Quem é judeu? Aquele que assim se considere"), discorre sobre a comunidade judaica paulistana. Embora o autor enfatize ao longo das linhas o quanto ainda é importante a comunidade judaica se manter coesa, não é isso que ele percebe. Ao falar sobre o comportamento da comunidade judaica paulistana em relação aos hábitos religiosos e à identificação como um todo, diz que ele é "difuso e ambivalente em termos de vivência judaica" e ainda que "quanto mais aberta a sociedade adotiva e mais tolerantes suas instituições políticas e culturais, tanto maior o número de contatos entre judeus e não judeus" (Rattner, 1977, p. 141).

Por mais que, em termos históricos, o ano em que tal pesquisa foi publicada seja relativamente recente (1977), as mudanças na comunidade paulistana foram imensas (se refletirmos até o ano de escrita deste trabalho): desde mudanças geográficas (judeus formando pequenas comunidades dentro de São Paulo, em diferentes bairros – de sinagogas no bairro do Brooklyn, na Zona Sul, até Santana, na Zona Norte) até mudanças estruturais (ao se abrirem para novas doutrinas e filosofias particulares e vivenciadas no Brasil, ou mais precisamente com coragem para falar e divulgar tais informações ao vivenciarem estas diferenças e experiências – o que será detalhado no capítulo sobre a pesquisa de campo). Certamente o avanço urbano que aconteceu na cidade de São Paulo colaborou (e muito) para que a comunidade judaica aqui estabelecida também mudasse. Inaugurações de escolas, de novas sinagogas em outros bairros e de centros culturais aconteceram nesses anos, frutos da mobilidade e das mudanças aqui descritas.

Ainda de acordo com Rattner (1977, p. 132), "as novas gerações de judeus paulistanos, aqui nascidos e educados, estão perfeitamente adaptadas à sociedade ambiente e nela integradas". O autor conclui que internamente houve

> [...] um rápido processo de "amalgamação" das diferentes correntes imigratórias, à medida que a segunda geração, nascida e educada no País, desconhecendo ou simplesmente ignorando as diferenças de origem, língua, costumes e mesmo de práticas do judaísmo, mistura-se com seus pares, *sefaradim*[17] com *ashkenazim*, filhos de judeus da Alemanha com os de origem egípcia ou *rumena* [sic], geralmente da mesma formação e com as mesmas aspirações. Assim, desaparecem os judeus alemão, sírio, polonês etc., para dar lugar a um novo tipo, o judeu brasileiro. (p. 165)

Lembrando a questão do judeu hifenizado citada anteriormente neste capítulo, a população judaica brasileira e, mais precisamente, a paulistana, por estarem em um ambiente imerso em culturas diferentes (ou como é costumeiro falar em língua inglesa: um *melting pot*, o que seria o equivalente a um caldeirão de raças), tornam-se mais do que simplesmente uma comunidade judaica, em se tratando de indivíduos únicos, não só judeus brasileiros, mas também judeus com diversos outros adjetivos.

Retornando à pesquisa da antropóloga Misha Klein (2012, p. 39), ela resume que: "[...] o encontro destas várias trajetórias é que formou a comunidade. A comunidade que emergiu em São Paulo é tanto um produto da história da cidade quanto o resultado de múltiplas histórias contidas dentro da comunidade judaica". E para Póvoa (2010, p. 226):

> As transformações ocorridas desde a chegada dos primeiros imigrantes judeus ao continente americano, bem como ao Brasil, e posteriormente à cidade de São Paulo, durante os séculos XIX e XX, representaram mais do que um simples evento, mas a importante inserção de um povo, de uma cultura, religião, economia, organização espacial e social, assim como o uso do território e a construção do "seu lugar" foi sem dúvida uma das mais complexas mobilidades.
> Entende-se que de um lado a paisagem urbana se transformou para a adaptação das novas necessidades técnicas da comunidade judaica, por outro lado a paisagem se tornou testemunha de um passado material e histórico, pois a comunidade evolui no tempo, assim como o espaço se transformou, compondo uma outra paisagem que refletisse a realidade cultural, religiosa e étnica.

Partindo para uma experiência empírica e contemporânea, o relato a seguir é de grande valia. Tal experiência pode ser bastante ilustrativa, pois, por meio deste exemplo, é possível enxergar mais uma vez de forma esclarecedora o que foi demonstrado/fundamentado ao longo destas páginas iniciais.

Duas amigas de infância estudaram no mesmo colégio judaico de São Paulo (décadas de 1970 e 1980) no bairro do Bom Retiro, na mesma sala de aula e moraram a duas quadras de distância uma da outra. A vida seguiu seu curso, as duas casaram-se na mesma época (com judeus também) e cada uma teve três filhos. A primeira, ao casar-se, resolveu acompanhar o marido, que já estudava para se tornar rabino. Doou todas as suas roupas, comprou roupas mais sóbrias, cortou o cabelo, começou a usar peruca[18] e acompanhou o marido em direção ao judaísmo ortodoxo, hassídico, mais precisamente do movimento Lubavitch (a ser visto no próximo capítulo). A segunda foi com o marido e os filhos na direção oposta, porém dentro do mesmo judaísmo – começaram a frequentar uma sinagoga judaica (e comunidade) reformista – que prega um judaísmo mais igualitário, inclusivo e pluralista, no qual há rabinas e mulheres que leem a Torá no momento do seu *bat-mitzvá*, por exemplo.

Chegando em 2014, na mesma cidade de São Paulo, as duas famílias, por coincidência, moram no mesmo bairro, mas não há nenhum tipo de convivência (nem sequer conhecimento deste fato). As idades dos três filhos são próximas. A filha da primeira, com aproximadamente 9 anos de idade, liga para alguns amigos da família (amigos dos pais, adultos) para contar histórias específicas de um rabino – essa era a lição de casa do dia: todas as meninas de sua sala teriam que ligar para 15 pessoas e contar para elas um milagre diferente de Rebe Menachem Mendel Schneerson, o rabino Lubavitch, o messias, na visão delas (e de toda a escola, de toda a família). Ela estuda em uma escola, na cidade de São Paulo, cujo principal ensinamento é este: o rabino é o messias, e todo o estudo deve ser baseado nele, além de ser preciso viver uma vida que siga os ensinamentos ortodoxos do movimento.

A filha da segunda vai com a família a uma sinagoga comum, dentro de uma corrente ortodoxa, no bairro de Santa Cecília, em São Paulo, e ao chegar lá, vê que os homens sentam-se na parte de baixo, perto do rabino e da Torá, e as mulheres têm que sentar no andar de cima, todos separados. A menina, com cerca de 10 anos de idade, que está acostumada às práticas reformistas, pergunta inconformada à mãe:[19] "por que temos que sentar separado dos homens? Por que eu tenho que sentar longe do meu pai e do meu irmão? Será que nosso rabino sabe que em algumas sinagogas existe isso? Será que ele já viu esse tipo de comportamento em algum lugar? Parece tão estranho! Vou conversar com ele depois".

Esta é a realidade brasileira, paulistana, talvez mundial. Este é o judaísmo presente, desafiador e conflitante dos dias de hoje. E são estas as facetas com que temos que lidar na contemporaneidade. Não há um judaísmo único, como tantas vezes foi enfatizado neste capítulo, e todos esses "judaísmos" devem ser considerados, analisados, aceitos e, acima de tudo, respeitados. Este é um retrato do judaísmo do século XXI. São necessárias mais pesquisas sobre o tema, principalmente no Brasil, carente de pesquisas judaicas contemporâneas.

Retomando e finalizando com Abraham Joshua Heschel (2006, p. 186), "a religião não nos é concedida de uma vez por todas, como algo que possamos guardar num cofre. Ela precisa ser recriada o tempo inteiro".

O objetivo do presente capítulo foi mostrar a pluralidade de significados quando o "judaísmo" é mencionado. E como isso se reflete de inúmeras maneiras atualmente.

No capítulo a seguir, haverá um aprofundamento em um dos aspectos judaicos mais relevantes (mas também menos acessível), que é a mística, juntamente com uma análise de um dos movimentos judaicos mais importantes e abrangentes que já existiram.

HASSIDISMO E SUA HERANÇA NO SÉCULO XXI

> *Ser judeu é estar comprometido com a experiência*
> *de grandes ideias, "agir e ouvir".*
> ABRAHAM JOSHUA HESCHEL

O presente capítulo será dividido em quatro partes. A primeira envolverá elementos místicos do judaísmo pré-movimento hassídico (mais especificamente antes do século XVIII); a segunda contará com explicações sobre o surgimento e o desenvolvimento do movimento, assim como sobre seu principal criador, Baal Shem Tov; a terceira explanará o movimento hassídico mais representativo e com maior número de adeptos hoje, o Chabad Lubavitch; e, finalmente, a quarta abordará a figura mais importante do movimento, seu último líder, o rabino Menachem Mendel Schneerson, Rebe de Lubavitch, falecido em 1994.

2.1 Elementos místicos pré-hassídicos

A cabala[20] é um movimento místico judaico que teria surgido por volta do século XIII. Entendida como uma sabedoria recebida e por vezes chamada de "ensinamento secreto", sempre foi estudada por rabinos de grande erudição que, em sua maioria, não fazem parte do público imigrante que veio ao Brasil no começo do século XX. Embora talvez haja influência cabalística em várias práticas místicas judaicas, e a cabala hoje tenha se tornado um fenômeno mais popular[21] em vários países, no Brasil inclusive, ela não será profundamente analisada neste livro (contudo, alguns rabinos cabalistas serão citados ao longo do texto para explicar o movimento hassídico). Para uma reflexão acerca desse tema, seria necessário um capítulo exclusivo, quiçá um estudo exclusivo que cobrisse o assunto de maneira mais detalhada.

A mística é parte da religião judaica, principalmente na corrente hassídica, um movimento que é, essencialmente, místico. De acordo com Walter Rehfeld (1986, p. 13),

> [...] o misticismo é, portanto, uma forma de conhecimento; esta própria aventura de conhecer Deus já é algo de muito questionável para o judaísmo clássico. Isto porque o judaísmo nasceu como uma forte antagonia a todo tipo de teologia. Na Bíblia não se encontra nenhum parágrafo de teologia. Tudo nela é uma procura do que *Deus quer* e não do que *Deus é*. O segundo mandamento proíbe rigorosamente qualquer tentativa de formar imagens do ser de Deus, o que tornou durante muito tempo a filosofia teológica uma aventura proscrita, além de toda a tentativa das artes plásticas. Evidentemente, toda fantasia de imaginar o divino em determinadas formas estava originalmente proscrita. Nesse sentido, o misticismo no judaísmo representa um certo desvio.
>
> O misticismo é também uma atitude revolucionária em todas as religiões, porque, à medida que se pode ter uma experiência direta do divino, não é preciso mais ler em Tomás de Aquino o que é Deus.

Não é preciso mais folhear os volumes de Maimônides para descobrir o que é Deus. É possível, dentro de si mesmo, encontrar o que é Deus.

Criaturas místicas como o *dybbuk* (que será explicado ao longo deste trabalho) estão presentes há séculos, assim como rituais de exorcismo que começaram a surgir no meio do século XVI.

O que há de bastante comum no lado "mágico" do judaísmo são os relatos de possessão e exorcismo. Apesar de não haver descrições específicas de possessão entre os judeus antes do século XVI, há relatos medievais que falam de técnicas de exorcismo (cf. Chajes, 2003). Vale esclarecer que as questões relativas às possessões como um todo são muito similares às incorporações conhecidas em outras religiões. Assim como no catolicismo os rituais de exorcismo são feitos por padres, no judaísmo são realizados por rabinos. Além disso, há a presença tanto de cristãos quanto de judeus em vários destes rituais, conforme relatado nos livros estudados. Há relatos rabínicos do século XVI que dizem que cristãos procuravam *experts* judeus para lidar com as possessões, por exemplo. Tais rabinos eram estudiosos cabalistas preparados para tal atividade.

O professor de História Judaica da Universidade de Haifa, J. H. Chajes, ao analisar esses relatos místicos, resume que, em sua maioria, eles nos dizem: a vida continua depois da morte, os maus são punidos depois da morte e os mortos estão próximos, ainda inseridos em redes de associação com os vivos. As vítimas das possessões – tanto judias quanto cristãs – compartilham de vários sintomas, incluindo: caroços que se movem no corpo, dos quais, às vezes, saem vozes, catatonia, ataques violentos, fala em vozes estranhas, clarividência e fala em línguas que são desconhecidas da vítima (xenoglossia). Uma dúvida sempre presente ao lermos tais informações é o que diz a Torá sobre o assunto. O autor nos informa que: "A Torá não proibiu a magia se o propósito desta fosse expulsar e anular a magia e espíritos maus – a Torá só proibiu buscar informações sobre eles, segui-los e acreditar neles se fossem, dentro do possível, 'sólidos'. A magia para tratar vítimas de feitiços ou para exorcizar espíritos era, contudo, permitida" (Chajes, 2003, p. 94).

Posto isso, seguimos para uma das figuras místicas mais importantes do judaísmo, o *dybbuk*. A palavra vem do hebraico "aderir" e significa uma alma que penetra em um corpo humano. Este aparece na literatura mística judaica no fim do século XVII, basicamente entre os judeus *ashkenazim*. De acordo com Joshua Trachtenberg (1939, p. 50):

> A aparição inicial de um *dybbuk* é em uma história incluída no Livro Ma'aseh,[22] publicado pela primeira vez em 1692 e que contém material cuja origem é consideravelmente anterior a essa data. Na história, o espírito que tomou posse de um jovem tinha pecado flagrantemente e, assim, não conseguia encontrar a paz. Ele tinha entrado no corpo do jovem depois de ter sido forçado a sair da morada anterior: o corpo de uma vaca que estava prestes a ser abatida. É esta forma de crença, a possessão por um espírito agitado, que ganhou tanta popularidade tempos depois.

A possessão por um *dybbuk* era, à época, uma evidência da sobrevivência da alma depois da morte do corpo. Vale ressaltar que tal termo ficou ainda mais conhecido nos meios judaicos (e fora deles também) depois de uma peça de teatro de mesmo nome escrita por S. Ansky em 1914 e que teve montagens em diversos países, inclusive no Brasil. A ideia de um espírito que encarnava em outro já existia anteriormente, mas talvez somente como as palavras "espírito" ou *ruach* ("espírito" em hebraico).

Outra questão relevante nesse contexto é a da reencarnação. Apesar de a ideia da reencarnação no judaísmo não ter sido discutida ao longo de vários séculos, ela sempre esteve presente e era conhecida – talvez não universalmente aceita. O *dybbuk* (a alma que entra num corpo já ocupado) é um elemento dentro de um espectro maior da crença na reencarnação.

Joseph Dan, professor de mística judaica da Universidade de Jerusalém, na introdução da obra *Spirit Possession in Judaism* [Possessão por espíritos no judaísmo], organizada por Matt Goldish, afirma que:

As almas dos mortos aparecem nas narrativas de forma muito frequente, às vezes nos sonhos dos vivos e às vezes como entidades separadas: revelando segredos, instruindo e ocasionalmente ameaçando. Este é o contexto do exorcismo e dos *dybbuks* [...] Estes espíritos que visitam o mundo dos mortos frequentemente contam suas experiências. Todos os materiais que constituem a narrativa do *dybbuk* podem ser encontrados aqui (na literatura), em abundância [...] Tais narrativas celebram um herói, um grande líder espiritual que salva uma alma em sofrimento e derrota um elemento diabólico. (Goldish, 2003, p. 35-6)

Yoram Bilu, psicólogo e antropólogo também da Universidade de Jerusalém, em artigo publicado no mesmo livro de Matt Goldish, diz que tais *dybbuks* davam detalhes tenebrosos de como sofreram para assim promoverem uma lição de moral nos presentes. Ele também relata que algumas pessoas fingiam que estavam possuídas para ganhar a simpatia de outros membros da comunidade e tentar se redimir de seus pecados.

Apesar de acharmos que tais ocorrências não seriam mais possíveis no século XX, um evento curioso que ocorreu em Israel em março de 1999 provou que "onde quer que o *dybbuk* esteja, ele está presente e ativo perto de nós hoje e nos acompanhou neste novo milênio" (p. 29).

Judith, uma mulher viúva, mãe de oito filhos, moradora da cidade de Dimona, em Israel, alegou que o espírito do marido que havia morrido três anos antes havia entrado no seu corpo e lá continuava a residir. Ela conversou, na ocasião, com vários rabinos, mas todos a rejeitaram. Finalmente, um rabino chamado David Basri, então chefe da Yeshivá Shalom[23] em Israel, concordou em fazer o exorcismo para liberá-la do espírito. Isso aconteceu na presença de uma centena de pessoas, foi transmitido ao vivo e sem censura por uma estação de rádio e filmado em vídeo. Foi também televisionado muitas vezes depois. Este relato foi encontrado em um jornal ultraortodoxo israelense e aparece no livro de Matt Goldish.

Os elementos místicos analisados e citados talvez ainda estejam presentes em rituais judaicos atualmente. Infelizmente, no meio hassídico, a ser analisado a seguir, não há possibilidade de conhecê-los *in loco*, pois as comunidades hassídicas paulistanas (e as de outros países também) são fechadas e não permitem mulheres nesses rituais, nem pessoas que não pertençam aos seus respectivos grupos (divisões dentro do movimento). O judeu laico contemporâneo não tem acesso a esses rituais (nem aos estudos aprofundados com os rabinos cabalistas, por exemplo).

Relatos como o que apresentamos nos dizem o quanto práticas místicas são parte essencial da comunidade judaica (mais ainda – parte do ser humano como um todo) e sempre estiveram presentes, embora restritas a certos grupos. Também são prova de sua essencialidade, pois temos exemplos de vários movimentos dentro do judaísmo ortodoxo que foram se fortificando ao redor dessas práticas, como o hassidismo, que veremos a seguir.

2.2 O movimento hassídico e seu fundador – O Baal Shem Tov

Iniciamos a explanação sobre o movimento hassídico com duas definições distintas. A primeira é da introdução do livro de Martin Buber (1966, p. 10), *Hasidism and Modern Man* [Hassidismo e o homem moderno]:

> Hassidismo é um misticismo popular comunal que foi longe em direção à transformação dos judeus na Europa do leste nos séculos XVIII e XIX. O movimento hassídico cresceu na Polônia, no século XVIII, e apesar da grande perseguição dos próprios rabinos tradicionais, se espalhou rapidamente entre os judeus da Europa do leste, até incluir quase metade deles nos seus números. [...] É um misticismo que consagra ou santifica a comunidade e a vida cotidiana ao invés de se distanciar dela, pois "o homem não pode amar Deus na verdade sem amar o mundo".

A segunda definição é da jovem escritora Leah Vincent, que se rebelou contra a comunidade judaica hassídica americana há poucos anos, abandonando-a, e escreveu um livro, em 2014, chamado *Cut me Loose – Sin and Salvation After My Ultra-Orthodox Girlhood* [Libertando-me – pecado e salvação depois da minha adolescência ultraortodoxa]. A autora divide a comunidade ortodoxa judaica existente nos Estados Unidos em três: hassídicos (estimados em quase um milhão de pessoas no mundo), ortodoxos modernos (cerca de um milhão de pessoas no mundo) e *yeshivish*, o que podemos entender como aqueles que centram a vida em torno das *yeshivot*, instituições de estudo da Torá frequentadas basicamente por homens (estimados em meio milhão de pessoas no mundo). Ela define os hassídicos de forma simples e direta: "são os místicos e leais a figuras de rabinos, que parecem papas" (Vincent, 2014, p. vii). Com a afirmação, a autora destaca o caráter "messiânico" dos "Rebes" do movimento, que conheceremos ao longo deste capítulo.

Mas antes de irmos às raízes do movimento hassídico há cerca de quatro séculos, na Europa do Leste, podemos concluir, nos dias de hoje, de forma bastante resumida e sintética, que o movimento "simplificou" a mística judaica para uma população que não tinha acesso aos estudos místicos. Além disso, tornou-se um movimento mais "popular" ou "mais carismático", se pudermos usar tal expressão, dentro do mundo ortodoxo, vale ressaltar. O movimento é uma síntese de diversos elementos e questões místicas presentes no judaísmo antigo.

A palavra *hassid* (membro do hassidismo), em hebraico, quer dizer piedoso, ou devoto (Buber, 1958, p. 47). De acordo com Buber (1958, p. 49), a palavra *hassidut* (que significaria piedade, ou devoção) poderia ser mais facilmente entendida pela expressão "amar o mundo em Deus". Mais adiante, o autor elabora outra explicação: "a unificação de Deus com Sua glória que reside no mundo" (p. 49).

Voltando às origens do hassidismo, o fundador do movimento foi o rabino Israel ben Eliezer, mais conhecido como o Baal Shem Tov ("o mestre do bom nome", em hebraico), também chamado pelo acrônimo Besht. O rabino viveu de 1698 (algumas obras divergem e afirmam que o ano de nascimento foi 1700) até 1760, tendo nascido no que hoje é a região da Polônia e morrido na Ucrânia. Besht não deixou nenhuma obra publicada, mas seus ensinamentos foram passados aos seus discípulos e hoje ele é tido como o grande "pai e fundador" do movimento hassídico em todo o mundo. Suas ideias foram difundidas por relatos em livros dos seus discípulos, e assim sucessivamente foram passadas de geração em geração. O Baal acreditava que os judeus deveriam aprender a rezar e também cantar as rezas de forma diferente, decorada até (enfatizando o poder das palavras no judaísmo), mas utilizando música e movimentos corporais para a aproximação com Deus. Recebeu uma educação tradicional judaica, mas não era um grande estudioso da Torá. Já no ano de 1740, era conhecido como um "curandeiro e um fazedor de milagres". Um dos fatores mais importantes – que vieram a ser a diferenciação no movimento Chabad, que será explanado a seguir – é que suas ideias focavam na redenção do judeu individual, ao contrário da redenção de todo o povo judeu (cf. Batnitzky, 2011).

Numa das lendas que envolvem o seu nome, diz-se que ele teria encontrado com Deus:

> Eu perguntei ao Messias: "Quando você virá?" Ele me respondeu: "Através disso você saberá – quando seus ensinamentos forem publicados e revelados ao mundo e suas fontes espalhadas para todo lugar – aquilo que eu ensinei a você e aquilo que você apreendeu (serão entendidos por aqueles que você ensinou), e eles também serão capazes de fazer 'unificações' e ascensões como você". (Heilman; Friedman, 2010, p. 2-3)[24]

Sempre voltado ao misticismo e à espiritualidade, o movimento hassídico diz que "é possível se unir com Deus porque Ele permeia toda a existência, e essa difusão contínua do divino facilita o encontro místico" (Idel, 1995, p. 18) e que há a "possibilidade de alcançar uma experiência mística extraordinária, além de revelações de mentores angélicos, ascensões da alma e até experiências proféticas [...] consideradas positivas" (p. 27).

O movimento hassídico traz a presença de Deus para o dia a dia e aproxima o homem dele mesmo, pois o homem não consegue se aproximar do divino ao se aproximar de algo que está além dele; ele só consegue se aproximar de Deus ao se tornar humano. Para Buber (1966), tornar-se humano é a razão pela qual esse homem foi criado, e isso para o autor é a raiz eterna da vida hassídica e dos ensinamentos hassídicos como um todo. Deus pode ser contemplado em todas as coisas e alcançado com cada ato de pureza. Para o filósofo, há duas máximas que podem ser entendidas como o conteúdo básico da fé hassídica. A primeira, resultado da interpretação de um salmo por um sábio antigo, atesta que Deus ajuda com a Sua proximidade o homem que quer consagrar a si mesmo e o seu mundo. A outra vem de um antigo sábio também e diz que as pessoas da Terra acreditam que há dois mundos e entendem que os dois mundos são diferentes um do outro e não conectados. Mas Israel entende que os dois mundos são um só no seu solo e tornar-se-ão um na sua realidade.

Uma das principais ideias do hassidismo é "amar mais". Em todas as histórias hassídicas (contos, lendas e parábolas), há algo que se relaciona com essa ideia. Em se tratando de parábolas e lendas, é importante, no início da explicação sobre este movimento judaico, falar da figura do *tzadik*, ou o "sábio", o "justo", o "honrado", pois é constante nesse tipo de narrativa.

O *tzadik* é um homem sábio, que sempre existiu na religião judaica, mas que se tornou uma figura central no hassidismo europeu e assim permanece até hoje. É um líder carismático, um mentor religioso que dá orientação espiritual aos seus discípulos e que nunca foi objeto de adoração (mas isso exploraremos mais adiante). É presente em quase todas as lendas e contos hassídicos e pode ser também um rabino, cujo nome será precedido de "Rebe" – é esta denominação, em iídiche, que o distingue de um rabino convencional.

Há ainda outras questões presentes no *Talmud*[25] referentes aos "Rebes" atuais. Uma das explicações sobre a palavra "Rebe", de acordo com os hassídicos, é que o significado seria *Rosh Bnei Israel* – a cabeça, o líder dos filhos de Israel (as consoantes iniciais).

Além disso, diz o *Talmud* que há atualmente 36 *tzadikim* (plural de *tzadik*) no mundo – são eles anônimos entre nós e é exatamente por causa deles que o mundo não é destruído. Vale ressaltar que em um dos próximos capítulos deste livro, quando entrarmos na doutrina espírita, será analisada a figura de Chico Xavier, aproximando-a de um possível *tzadik* brasileiro. O *tzadik* pode ser não somente um rabino, mas também um sábio religioso (e quase sempre venerado, sempre respeitado).

Postas as informações anteriores sobre os *tzadikim*, podemos ver que o hassidismo é transmitido, inicialmente, por meio de contos, lendas e parábolas, para assim atingir populações que não tinham acesso aos estudos da Torá, e também para trazer a mística judaica para mais perto da realidade cotidiana. Essa é uma das razões pelas quais o movimento, em poucos anos, espalhou-se pela Europa do Leste e até hoje é considerado um dos principais movimentos do judaísmo ortodoxo no mundo.

Como nada na religião pode ser considerado "puro", o movimento tem fortes influências da mística judaica de séculos anteriores, pois como diz Moshe Idel (1995, p. 22):

> Formas importantes da espiritualidade judaica surgiram não tanto como o resultado de confrontos entre história, crises históricas e outras circunstâncias socioeconômicas com o misticismo, mas surgiram a partir de sínteses entre aspirações, personalidades, ideais, nomenclaturas e medos religiosos e vários modelos místicos.

As ideias do Baal Shem Tov, escritas por seus discípulos por meio de parábolas, trazem similaridades com questões místicas de outros pensadores judaicos, como Isaac Luria, conhecido místico do século XVI que escreveu o que chamamos hoje de "a cabala luriânica". A cabala sempre foi um "livro selado" dentro do judaísmo, apesar da tentativa de popularização vista nos últimos anos, já abordada anteriormente. Luria já dizia da proximidade dos atos do homem com Deus e que em cada objeto e em cada homem está a presença divina.

Besht foi um rabino, um *tzadik*, que tinha clarividência, usava amuletos e lidava com rituais de cura para com os seus discípulos, além de outros dons que teriam sido a ele revelados. Dentre muitas histórias que existem sobre seus feitos, destacamos algumas. As histórias a seguir foram escritas na língua iídiche e traduzidas para o português por Ary e Emília Schreier em 1976.

> *O filho de um rico comerciante que não partilhava das ideias do Baal Shem Tov havia viajado e a família permanecia sem notícias, aflita. A esposa pede ao marido que, apesar das diferenças, faça uma consulta com o Baal para ver o que havia acontecido com o filho. O Baal o recebe e diz que o filho estava bem e que não havia voltado pois estava guardando o sábado numa aldeia próxima. Depois, o rapaz chegou, como o Mestre havia falado. Besht complementou: "Quando abro e consulto o* Zohar,[26] *consigo ver o que se passa no mundo".*

> *Num dia de estudos do Baal Shem Tov com um de seus discípulos – o Rav*[27] *Yossef Daitcha –, liam o "Olho de Jacob", quando entrou na sala o Rabi Yossef, que havia falecido nove meses antes. Ele usava roupas normais e desejou aos dois presentes uma boa semana. O Rav ficou com muito medo e assustado; assim, logo o Baal fez um movimento para que ele não visse mais o morto e pediu que se afastasse enquanto Besht conversava com o falecido. Depois, perguntou ao Rav porque ele havia ficado com tanto medo, já que o homem tinha sido um justo em vida e com certeza era um justo superior agora, depois do falecimento. Rav Yossef fez a seguinte pergunta: "Com que merecimento me foi permitido vê-lo?". E o mestre respondeu: "Foi devido a essa leitura e minha interpretação. Com minhas palavras, eu purifiquei sua mente até chegar a um plano elevado. Se você tivesse fortalecido sua mente, dominando o terror, ouviria*

o que falávamos e teria possibilidade de perguntar o que você quisesse, e ele lhe responderia; você o conheceria melhor e o veria sempre".

Em um rigoroso inverno, o Baal e seu escriba precisavam chegar a uma cidade próxima para uma reza específica. No entanto, o frio era tão intenso que chegava a queimar os homens. O cocheiro disse que não conseguiriam passar, pois estava tudo congelado. Em um dado momento, em uma floresta, o Baal ordenou que parassem e tocou o dedo numa árvore, que pegou fogo, aquecendo a todos. Assim, conseguiram chegar ao destino no momento da prece.

Baal recebeu um aviso de que deveria hospedar-se na casa de determinada família. Ao chegar lá, a mãe estava desesperada e não o deixou entrar, dizendo que o filho estava morrendo. O pai explicou a situação, mas o Baal disse que, se ficasse, curaria o menino. No quarto do doente, pediu a todos que saíssem, mas que trouxessem vinho para a bênção da véspera do **Shabat**. *Rezou e permaneceu lá por muitas horas. Seu escriba, curioso com a demora, ao chegar perto do quarto, ouviu as seguintes palavras: "Volte já ao corpo... Se não o fizer agora, vai ser obrigada a voltar, quer queira, quer não". Depois da ceia, continuou rezando no quarto do doente. Assim, o menino melhorou e viveu por muitos anos.*

Há inúmeros relatos como os anteriores e todos são estudados pelos hassídicos até hoje. Aqueles que seguem o movimento hassídico frequentemente têm alguma história similar a contar sobre o Baal Shem Tov. Interessante também é que foram organizados vários livros para crianças para que tais feitos sejam contados em quadrinhos ou como "contos de fada". Um exemplo é uma série de livros chamada *Histórias Maravilhosas — Histórias em Quadrinhos — Rabi Israel Baal Shem Tov*. São três livros ilustrados sobre histórias dos *tzadikim* e reescritas pelo rabino brasileiro Michel Attias. Todas contam milagres diversos do Baal Shem Tov, ora alguns que perdem a fé em Deus e, após presenciar um milagre feito por ele, voltam ao hassidismo, ora a importância das boas ações é enfatizada.

2.3 O Chabad Lubavitch

Para começarmos a entender a força e o alcance do movimento hassídico Chabad Lubavitch no século XX e no século XXI, iniciamos esta seção com a frase esclarecedora, porém irônica, de Velvel Greene, professor da Universidade Ben-Gurion falecido há poucos anos. Ele dizia que, mais cedo ou mais tarde, quando um astronauta pisasse em Marte, ele seria recebido por um *sheliach*[28] do movimento Lubavitch (Greene, em Fishkoff, 2003).

Este, sem dúvida, é o movimento hassídico, quiçá o movimento judaico como um todo, com maior número de adeptos e maior disseminação de ideias de que se tem notícia. Além disso, é um movimento que mudou o que entendemos hoje por algumas práticas judaicas – é isso que esclareceremos nas páginas a seguir.

Depois da morte do Baal Shem Tov e conforme seus fiéis discípulos também iam morrendo, o movimento continuou crescendo, mas se dividiu em vários tipos de "hassidismo", sem uma figura principal ou tão carismática e poderosa como era o Baal, mas cada um com seu professor, cada um com seu "Rebe". Um desses rabinos foi Shneur Zalman, que fundou o Chabad Lubavitch durante um tempo próspero de expansão do movimento hassídico.

O Rebe Shneur Zalman era conhecido como "Alter Rebe" ou "o velho rabino" na língua iídiche. Nascido na cidade de Lubavitch, na Rússia, em 1745, ele aprofundou o hassidismo com estudos muito mais rigorosos, além das questões místicas e de devoção a Deus (questões já explanadas anteriormente). Com o nome da cidade onde nasceu mais a palavra Chabad, que é um acrônimo de três palavras hebraicas, *Chokmah* (sabedoria), *Binah* (entendimento) e *Da'at* (conhecimento, que também pode ser entendido como "vivência"), ele criou o movimento numa região onde o hassidismo já se fazia presente.

Zalman era conhecido por sua inteligência, não pela questão mística somente. Contam os relatos que aos 13 anos ele já conhecia todo o *Talmud* e passava noites estudando cabala. A obra mais importante escrita por ele foi o *Tanya*, publicado em 1796, uma obra mística, de abordagem sistemática da moral individual, do desenvolvimento espiritual e do conceito de imanência divina. O texto se transformou na obra seminal do movimento hassídico Chabad. Está presente em todas as casas hassídicas e costuma-se dizer que é boa sorte recebê-la de presente ou tê-la em casa. Devido aos ensinamentos de Zalman, o movimento Chabad Lubavitch é único no seu *ethos* religioso-espiritual. Dentre as características desse *ethos*, é possível mencionar uma exposição à cabala, rezas contemplativas que deveriam levar ao *devekut* (aproximação de Deus por meio de um transe/estado meditativo) e uma grande ênfase colocada no estudo da Torá (cf. Etkes, 2015).

Até 1994, ano de falecimento do mais importante Rebe do movimento, Menachem Mendel Schneerson (que veremos a seguir), sete Rebes foram responsáveis pelo movimento:

1) o fundador – Shneur Zalman (1745-1812);
2) DovBer Schneuri – conhecido como *Miteler Rebe* –, o rabino do meio e filho do fundador (1773-1827);
3) Menachem Mendel – conhecido como *Tzemach Tzedek*, "o homem bom" –, sobrinho e genro de DovBer (1789-1866);
4) Shmuel "Maharash" (letras iniciais da frase em hebraico que quer dizer "nosso professor rabino Samuel") – sétimo filho do *Tzemach Tzedek* (1834-1882);
5) Sholom DovBer – segundo filho de Shmuel (1860-1920);
6) Yosef Yitzchak – filho único de Sholom (1880-1950);
7) Menachem Mendel – primo e genro de Yosef Yitzchak (1902-1994).

O movimento em questão enfatiza também um antigo conceito da Torá: todos os judeus são responsáveis um pelo outro. Ajudar outro judeu é a maneira mais pura de expressar o seu amor por Deus e ensinar um outro judeu sobre judaísmo talvez seja a razão mais sagrada da existência. O movimento é um estudo da dimensão esotérica e espiritual da Torá, e quando associado à lei e também às tradições judaicas, cria uma sinergia de corpo e alma, ajudando a tornar Deus real e relevante. Deus está envolvido no mundo. Além disso, o foco está no indivíduo e em suas necessidades únicas, diferentemente do raciocínio judaico pré-iluminista (*haskalá* – em língua hebraica –, como já explanado em capítulo anterior).

Enquanto vários movimentos hassídicos/ortodoxos ainda permanecem fechados em si mesmos, sem se voltarem a outras comunidades ou nem sequer saberem a realidade de outras comunidades judaicas do mundo, o movimento Chabad nunca foi isolado, principalmente a partir da segunda metade do século XX. Para ele, todos os judeus compartilham da mesma alma dada por Deus e são judeus, não importando suas crenças diversificadas, seus rituais pessoais ou se são reformistas, conservadores, ortodoxos, ortodoxos-modernos etc.

Os *shlichim* (plural de *sheliach*, visto anteriormente) nunca podem fazer distinção ao acolher ou tentar persuadir outros judeus ao movimento. Não há preconceito, embora haja a necessidade da permanência no movimento Chabad e a obediência às regras, evidentemente. De acordo com esses homens, a missão do movimento é ensinar outros judeus sobre judaísmo na esperança de que isso vá despertar a sua consciência judaica dormente e levá-los naturalmente à realização das *mitzvot*.[29] Também lidam com a questão de facilitar o entendimento dos textos sagrados judaicos, como vimos, um dos principais pilares do movimento hassídico. Os *shlichim* entendem que, quando você fala em um idioma, de uma forma que seja acessível, de maneira acolhedora, sobre o conteúdo principal do judaísmo em si (suas práticas e leis) e do ser judeu no momento atual, as pessoas entendem, aceitam e veem a verdade nisso. Estes homens não podem disseminar o negativismo, eles devem colocar também seus egos de lado e somente serem os emissários do Rebe.

Os *hassidim* do movimento, além de estudarem as obras do judaísmo ortodoxo, incluem escritos de seus próprios rabinos (principalmente de seus líderes antigos, listados anteriormente), os quais entram para os textos sagrados que serão lidos em vários momentos, como cerimônias religiosas e discursos.

Analisando a política e o alcance do movimento Chabad atualmente, de acordo com Sue Fishkoff, autora de um estudo sobre o movimento que deu origem ao livro *The Rebbe's Army: Inside the World of Chabad-Lubavitch* [O exército do Rebe: dentro do mundo do Chabad Lubavitch]:

> [...] nas últimas décadas o Chabad Lubavitch desenvolveu uma presença internacional enorme, abrindo centros cujos números chegam a quase mil cidades no mundo, arrastando centenas de milhares de judeus para sua extensa rede de aulas para adultos, escolas hebraicas, colônias de verão e programas de férias. Se não exatamente definindo o que deve ser feito no mundo judaico ou não, o Chabad é como uma farpa constante, "cutucando" para que o resto do mundo judaico faça mais. (Fishkoff, 2003, p. 7)

A autora também afirma que, na época em que o livro foi escrito, o Chabad estava no momento mais popular que já havia alcançado em seus anos de existência, com mais de 3.800 *shlichim* em 45 estados dos Estados Unidos e em 61 outros países – todos com o mesmo objetivo, trazer os judeus de volta ao judaísmo. O site internacional do movimento (www.chabad.org) é bastante informativo e completo; nele, é possível acharmos todos os dados de onde, em qualquer lugar do mundo, encontrar centros, escolas e locais judaicos ligados ao movimento. No Brasil, o Chabad está presente nas seguintes cidades: Belém, Belo Horizonte, Brasília, Campinas, Cotia, Curitiba, Manaus, Petrópolis, Porto Alegre, Recife, Rio de Janeiro, Santo André, São Paulo e Salvador. Mais especificamente na cidade de São Paulo aparecem 20 locais relacionados ao movimento: sinagogas nos bairros Brooklyn, Jardim Paulista, Santana, Itaim, Morumbi, Perdizes, Vila Mariana, Vila Nova Conceição, além de escolas em bairros distintos também. Pode-se dizer que o Chabad é o movimento mais dinâmico e geograficamente diverso na história do judaísmo, além de ser a maior organização judaica no mundo e a que mais cresce nos Estados Unidos (cf. Eliezrie, 2015).

É interessante notar que o trabalho do movimento Chabad Lubavitch, visto de fora do ambiente judaico, é como se fosse um movimento de "conversão", só que com judeus dentro do próprio judaísmo. Algumas das regras básicas que todo judeu hassídico Chabad deve obedecer são:

- velas de *Shabat* devem ser acesas por todas as mulheres acima de 3 anos;
- toda porta de toda casa judaica (e seus cômodos) deve ter *mezuzot*;[30]
- estudo diário da Torá (incluindo também o estudo de textos hassídicos escritos pelos rabinos do movimento Chabad);
- fazer caridade;
- observar as leis alimentares judaicas (comida *kasher*);
- observar os rituais de pureza da família judaica (banhos, separação de homem e mulher em camas separadas etc.);
- ter uma educação judaica.

Tais regras, em geral, devem ser respeitadas, teoricamente, por todos os judeus ortodoxos, mas o último Rebe, principalmente, fez com que as 613 *mitzvot* fossem simplificadas para se tornarem mais acessíveis e fáceis de serem aplicadas no cotidiano das famílias judias pertencentes ao movimento. Essas regras fizeram parte de campanhas organizadas pelo Rebe ao longo de sua liderança. As várias campanhas do Rebe, além de força local, exerceram influência em vários países do mundo, levando o judaísmo (do movimento) para muitos lugares distintos.

Uma das mais importantes campanhas chamava-se *U'faratzta*. Tal palavra, em hebraico, aparece somente uma vez na Torá e quer dizer "e que se dissemine, e que se espalhe". Ocorre quando Deus aparece para Jacob em um sonho durante um período muito difícil de sua vida e o assegura de que "seus descendentes serão tão numerosos quanto o pó da terra – e *u'faratzta* – você deve espalhar para o oeste, leste, norte e sul [...] Lembre-se, Eu estou com você, Eu protegerei você onde quer que você vá" (Gênesis 28:14-15, em Telushkin, 2014, p. 74). O objetivo dessa campanha era que os *hassidim* disseminassem a sabedoria do judaísmo ao mundo judaico inteiro, até nos cantos mais distantes.

Além de itens anteriormente citados como regras básicas, os tópicos a seguir fazem parte de dez campanhas instituídas pelo Rebe e fortemente difundidas durante o seu período de liderança (e também depois da sua morte):

1) Homens devem sempre colocar o *tefilim*.[31]
2) Velas de *Shabat* devem ser acesas pelas mulheres desde crianças.
3) *Chinuch* — campanha para uma educação judaica: que nenhum menino ou menina fique sem uma educação judaica.
4) *Kashrut* — leis de alimentação judaicas devem ser obedecidas e a observação às regras precisa aumentar. O Rebe chegou a oferecer um reembolso de 50% dos gastos da pessoa quanto esta transformasse sua casa em um ambiente *kasher*.
5) *Tsedaká* — aumento da doação para caridade.
6) *Mezuzah* — um chamado para todos os judeus colocarem *mezuzot* em todos os batentes das portas da casa.
7) Pureza familiar — para que os casais não mantenham relações sexuais durante o período menstrual da esposa e até uma semana depois. Após este período, a mulher deve tomar seu banho ritualístico de purificação (*mikveh*) — como consequência disso, centenas de *mikvehs* foram construídas nos mais diferentes países.
8) Estudo da Torá — enquanto a campanha de educação judaica tinha como objetivo os homens, nesta campanha o objetivo era que todos os judeus, de todas as idades, estudassem diariamente a Torá. Anos mais tarde, Menachem Mendel também pediria a todos (homens, crianças e mulheres) que estudassem três capítulos diariamente da obra de Maimônides —[32] *Mishné Torá*.
9) Ter livros da Torá — o objetivo desta campanha era que todos os lares tivessem livros judaicos, principalmente livros religiosos. E que toda família tivesse, no mínimo, a Torá, um livro de rezas (*sidur*) e o livro dos salmos (*Tehilim*).

10) *Ahavat Israel* – amor a todos os judeus, não somente àqueles cujas práticas religiosas e ideologias fossem similares, mas a todos. O Rebe costumava dizer que nenhum judeu pode ser deixado para trás, nunca.

Retomando as tarefas dos *shlichim*, uma das principais missões destes é fazer com que cada vez o mundo se torne mais e mais divino, preparando-se sempre para a chegada do messias, em se tratando da expectativa dos membros do movimento, no caso, Menachem Mendel Schneerson, o Rebe.

É importante ressaltar que o movimento Chabad, assim como todos os movimentos ligados ao judaísmo, foi questionado depois do Holocausto. Questionado no sentido de: como levar o judaísmo depois da tragédia? Como aceitar e viver de acordo com as normas religiosas judaicas depois de tudo que aconteceu? Os movimentos, em sua grande maioria, tiveram que, de certa forma, se reinventar e aceitar que o mundo pós-Segunda Guerra era outro. E assim lidar com as perdas e tentar continuar. Isto foi possível, no movimento aqui estudado, graças ao sétimo líder do movimento, Menachem Mendel Schneerson.

2.4 O Rebe de Lubavitch – Menachem Mendel Schneerson

2.4.1 A vida

Antes de conhecer a biografia e os principais feitos do Rebe, é interessante notar que, em nenhum momento do judaísmo contemporâneo, houve alguém tão conhecido mundialmente (nas comunidades judaicas) como ele. Aqui no Brasil, mesmo depois de 20 anos de sua morte, dos mais velhos aos mais jovens, todos têm uma história para contar: um caso, um milagre, o que ouviu dizer, uma visita que fez a ele em algum momento da vida, uma foto dele em algum lugar da casa etc.

Vale também enfatizar que são poucos os dados acadêmicos disponíveis para a pesquisa, já que a maioria do material disponível sobre o Rebe foi escrito por seus discípulos, ou por ele mesmo, principalmente por meio de cartas. Um importante estudo feito sobre Menachem Mendel foi uma biografia publicada pela Universidade de Princeton, escrita pelos professores Samuel C. Heilman e Menachem M. Friedman, ambos da área de sociologia – um da Universidade de Nova York e o outro da Universidade Bar-Ilan em Israel. É nele que nos baseamos para a maioria dos dados biográficos.

O Rebe nasceu em uma família de rabinos e eruditos na Ucrânia, no ano de 1902. Era o bisneto do terceiro Rebe de Lubavitch, seu homônimo, como citado anteriormente. No ano de 1920, começaram os encontros com o sexto Lubavitch e, depois de alguns anos, Menachem casou-se com a filha deste (novembro de 1928), Chaya Mussia. O casamento aconteceu na Polônia e ambos tinham quase 27 anos – algo bastante improvável para uma noiva hassídica ortodoxa, casar-se com esta idade, considerada não tão jovem para os padrões judaico-hassídicos (mesmo nos tempos atuais, vale dizer).

Ao longo dos anos que sucederam o casamento, a vida do casal não era somente ligada ao hassidismo, era bastante secular e guiada para os estudos, principalmente quando moraram em Berlim e posteriormente em Paris: ambos estudavam e faziam faculdade. O pai da noiva, então o sexto Rebe de Lubavitch, ajudava no sustento do casal enquanto ambos estudavam na Europa. O sexto Rebe, na época, morava em Riga, na Lituânia, e de lá comandava o movimento Chabad Lubavitch.

Em Berlim, Menachem Mendel estudou na Universidade Friedrich-Wilhelm, um curso de auditoria e matemática, e a esposa no Instituto de Línguas Estrangeiras, no qual estudou língua e cultura alemã. Alguns documentos da época apontam a ausência do aluno em várias aulas, provavelmente porque deveria estar estudando os textos hassídicos na biblioteca da universidade, como seu sogro sempre pedia que fizesse – pedia também que lhe enviasse informações sobre estudos relevantes.

No final de 1932, começo de 1933, o casal percebeu que não seria possível concluir os estudos em Berlim nem viver naquela cidade. Mudaram-se para Paris em 1933 e viveram em Montparnasse, perto de vários artistas e figuras conhecidas. Nesse mesmo ano, Menachem Mendel retornou aos estudos e entrou no curso de engenharia mecânica na École Spéciale des Travaux Publics du Bâtiment et de l'Industrie. Em 1934, mudou para a École Nationale Supérieure de Mécanique et d'Électricité. De acordo com os registros da época, sua habilitação era na área de matemática. Formou-se em 1938, aos 36 anos de idade.

Dois fatos relevantes precisam ser ressaltados sobre esse período: um deles é que o casal não conseguia ter filhos e a esposa, já com 37 anos de idade, pedia ao pai bênçãos, já que a ajuda divina de um Rebe em questões de infertilidade era (e ainda é) bastante comum. O segundo é a importância da vivência do casal em uma sociedade secular pré-Segunda Guerra Mundial. Ao assumirem a liderança do movimento, e durante os anos todos de liderança, isto foi de fundamental relevância para lidarem com situações do dia a dia de seus discípulos.

O casal permaneceu em Paris mesmo depois da invasão nazista, mas em outubro de 1939 ambos viram que seria impossível permanecer na Europa e começaram os esforços para trazer Menachem Mendel e sua esposa Chaya Mussia para os Estados Unidos.

Primeiramente, em 1940, o sexto Rebe, Yosef Ytzchak, foi salvo do nazismo e trazido com sua família para Nova York (sem a filha Chaya e o genro Menachem Mendel). A estratégia usada pelos advogados responsáveis pela transferência foi a menção à importância religiosa do Rebe, "uma espécie de papa dos judeus", e ao fato de que a:

> [...] liberação das garras dos nazistas, juntamente com os seus familiares mais próximos, seria um ato de valor humanitário e político significativo. Rhoade, um dos advogados, inclusive, comparou o Rebe, em um comunicado aos oficiais americanos, a São Francisco de Assis. (Heilman; Friedman, 2010, p. 131)

Eles chegaram a Manhattan em 18 de março de 1940 e, depois de alguns meses, Yosef Ytzchak já estava instalado na sede do movimento Lubavitch, no bairro do Brooklyn (onde fica a sede até hoje). Menachem e Chaya Mussia chegaram a Manhattan no dia 23 de junho de 1941, vindos de Lisboa, depois de uma viagem de 11 dias. Também foram levados diretamente para a sede do movimento Lubavitch e se encontraram com o sexto Rebe alguns dias depois.

A partir daquele momento, com a vida começando no Chabad Lubavitch, Menachem Mendel percebeu que tudo havia mudado e que não haveria a possibilidade de voltar para a Europa, estabelecer-se como cidadão francês e ter uma carreira na área de engenharia, como havia pensado em ter, e assim unir o seu hassidismo a uma vida secular. Ele era um refugiado na América, com quase 40 anos de idade, quase sem conhecimento da língua inglesa, sem filhos e sem perspectiva de trabalho na área que havia escolhido. Continuou os estudos do hassidismo, como sempre fez, agora já morando perto da sede do movimento Chabad Lubavitch, e no final de 1946 recebeu a cidadania americana.

O sexto Rebe tinha a saúde frágil e todos se preocupavam com sua morte e, principalmente, com quem seria o seu sucessor no movimento, já que era um momento crucial, pós-Holocausto e no qual a maioria dos judeus se dizia reformista e não pensava em seguir a vida religiosa (principalmente nos Estados Unidos). Além disso, Yosef Ytzchak havia dito em várias ocasiões aos seus discípulos que havia chegado a época do messias. Muitos acreditavam, sim, que o messias seria um dos Rebes (como acreditam até hoje) e que a "morte era seguida de vida". Ytzchak faleceu em janeiro de 1950, sem nenhum testamento e sem deixar claro quais eram as suas reais intenções no sentido da continuidade do movimento, quem seria o líder depois de seu falecimento e quem herdaria sua vasta biblioteca, com uma série de livros e documentos raros (caso que foi solucionado pela justiça americana anos depois).

Menachem Mendel não assumiu a liderança imediatamente após a morte do sogro. Houve questionamentos, dúvidas, mas, com suas palavras, suas orações, seu carisma e seus discursos, ele foi recebendo credibilidade e confiança dos membros do Chabad Lubavitch. Menachem Mendel tomou o cuidado de aceitar a posição somente quando não havia mais resistência. Era uma pessoa tímida, que teve que ultrapassar algumas barreiras antes de ter apoio, principalmente em relação aos que apoiavam seu cunhado, o outro genro do sexto Rebe (já que Yosef Ytzchak havia tido só duas filhas mulheres). Foi a partir daí que a vivência fora daquele ambiente hassídico foi levada em conta, pois os hassídicos Lubavitch achavam que era essencial ter um "rabino que fosse o líder e conseguisse se engajar com todos os tipos de pessoa, um rabino que pudesse falar e impressionar o mundo além do mundo deles próprios, que fosse uma figura com voz forte e de iniciativa" (p. 56).

Assim, Menachem Mendel foi conquistando, ao longo dos meses posteriores à morte de seu sogro, a liderança do Chabad, e continuou sendo o Rebe do movimento e sua principal figura até a morte, em 1994.

De certa maneira, o Rebe traduz, como já foi dito, conceitos místicos do judaísmo a uma linguagem mais acessível e, principalmente, significativa para o seu povo – ele faz isso de forma falada – em suas lições orais e discursos, assim como nos seus textos. Uma de suas principais marcas foram os chamados *farbrengens* (em língua iídiche, "reunião feliz"), falas feitas por ele (discursos inspiradores) para o público presente. Uma de suas principais obras, adaptada e organizada por Simon Jacobson, *Rumo a uma vida significativa: a sabedoria do Rebe Menachem Mendel Schneerson*, resgata os ensinamentos do Baal em uma linguagem mais simplificada para aqueles que seguem o hassidismo e para judeus como um todo.

Ao longo dos anos, foram inúmeros os relatos feitos sobre os seus dons "místicos". O Rebe atraía cada vez mais e mais pessoas por seu carisma, estudando, analisando e discursando sobre o hassidismo (sua formação, seu criador, suas principais ideias). Mas também era conhecido por seu misticismo e seus "poderes mediúnicos".

Não foi só no campo do estudo da *hassidut* que o Rebe revelou *insights* nunca antes revelados. É claro que isso ele fez, mas, talvez, o que é ainda mais especial e único no Rebe é a forma como ele estuda *Rashi*, interpreta um trecho do *Talmud*, analisa a situação política na terra de Israel ou a forma como ele aconselha uma pessoa nos seus assuntos pessoais. Nestas e em outras áreas que fazem parte do nosso dia a dia e estão dentro de nossa capacidade intelectual normal, demonstrou ter uma boa visão e uma clarividência simples e direta, e que ao mesmo tempo, revelam tamanha profundidade e perspicácia que ampliam totalmente nossos horizontes intelectuais. (Beuthner, 2012, p. 18)

Ele costumava atender as pessoas no seu escritório no Brooklyn. E, conforme os anos iam passando, mais e mais pessoas procuravam um encontro, uma reunião para receber alguma bênção ou um conselho específico (quando não era possível ter uma reunião, bastava ouvir seus discursos). As filas dobravam os quarteirões e a multidão era cada vez maior. Não só judeus hassídicos lá estavam e acatavam o que ele dizia, mas judeus (e não judeus também) que vinham do mundo todo se organizavam para ouvir o que ele tinha a dizer ou receber dele uma nota de um dólar (costume que começou na década de 1980) como caridade. Muitas dessas notas permanecem com aqueles que as receberam e são guardadas como amuletos da sorte até os dias de hoje.

Ao longo dos anos, principalmente depois de cerca de 20 anos de liderança, Menachem Mendel começava a ser considerado nos Estados Unidos como o grande líder do judaísmo ortodoxo, e podemos até dizer que talvez fosse visto como o maior líder judaico no mundo. Cada vez mais era visitado pela população em geral e também por personalidades da época. Sua sede no Brooklyn se transformou em uma espécie de local de peregrinação (que continua até hoje, mais precisamente onde ele está sepultado).

Quando Menachem Mendel fez 70 anos, no ano de 1972, foi feita uma reportagem (entre várias) pelo jornal *The New York Times* na qual o

Rebe disse que a devoção a ele era na realidade uma devoção à causa da disseminação da bondade e da virtude, e que ele via a si mesmo como parte de um despertar em todos do potencial que cada um tem. Tal reportagem, de acordo com os autores Heilman e Friedman, parecia algo de espiritualidade da Nova Era (cf. Heilman; Friedman, 2010). O Rebe redefiniria o judaísmo na idade moderna como um equilíbrio entre a tradição e a compaixão, a observância e a responsabilidade (cf. Eliezrie, 2015).

Em relação ao seu lado místico, há inúmeros relatos aos quais podemos nos referir. Um deles é uma coletânea chamada *Wonders & Miracles of the Lubavitcher Rebbe* [Maravilhas e milagres do Rebe de Lubavitch], impressa por uma editora israelense no ano de 1993. O livro relata uma série de "milagres", contados por rabinos, hassídicos ou aqueles que queriam dar seu depoimento sobre alguma "graça" alcançada por meio do Rebe, algum milagre que tiveram a oportunidade de vivenciar. São vários, dentre eles vê-se:

Uma adolescente de aproximadamente 13 anos nasceu com um problema e nunca conseguira falar. Os pais já haviam tentado de tudo, médicos etc., e depois de uma consulta particular com o Rebe a menina começou a se comunicar oralmente.

Um hassid *tinha uma viagem marcada para a Nicarágua e foi pedir proteção e bênçãos ao Rebe. O ano era 1972. O Rebe pediu a ele que adiasse a viagem em uma semana. O homem esperou e, exatamente no momento em que estaria no hotel que reservara em Manágua (se tivesse viajado na semana planejada), a capital foi quase destruída por um terremoto, assim como o hotel.*

Um membro da família de um hassid *estava com sérios problemas no coração. A família perguntou ao Rebe o que eles poderiam fazer. O Rebe disse que era para checar a* mezuzah *de um certo cômodo da casa, porque lá a palavra "coração" estava apagada no pergaminho. Eles se certificaram de que era isso mesmo, trocaram a oração e a pessoa melhorou.*

Uma família vai ao Rebe e diz que um de seus membros está com câncer. O Rebe, sem conhecer a pessoa, diz que o diagnóstico está errado, que não é câncer e que a pessoa vai melhorar. E foi isso que aconteceu.

Pode-se dizer que em todas as casas de judeus hassídicos hoje há uma variada bibliografia que contém os escritos do Rebe – principalmente suas cartas (organizadas em coletâneas temáticas, como "conselhos e orientações para a saúde", "conselhos e orientações para o matrimônio") – e relatos de milagres. É costume também que as cartas escritas por ele sirvam de consolo espiritual ou de respostas às aflições cotidianas – um hábito é "abrir o livro de cartas" aleatoriamente, questionando o que fazer em uma determinada situação, como se o Rebe desse a resposta necessária por meio de uma de suas missivas.

2.4.2 A morte e o pós-morte

O Rebe, aos 90 anos de idade, sofreu um derrame, mais precisamente no dia 2 de março de 1992. A questão que permanecia impensável entre os *hassidim* era como lidar com a ideia de que ele poderia ser, simplesmente, mortal. Muitos acreditavam que era possível uma cura total (metade do seu corpo havia ficado paralisada depois do derrame), apesar de sua idade, e que a morte não iria chegar.

Ao longo de dois anos, a saúde do rabino foi se deteriorando, e ele faleceu em um domingo, dia 12 de junho de 1994 (em hebraico, *gimmel tammuz*, terceiro dia do mês de Tammuz, uma das datas mais importantes do calendário do movimento até hoje). Não havia membros diretos da família para os procedimentos de enterro e luto, e os *hassidim* que o acompanhavam rasgaram um pedaço de suas roupas em sinal de luto,[33] como é costume dentro do judaísmo depois da morte de um familiar, como se fossem membros de uma mesma família.

O que poderia ser uma total tristeza transformou-se numa espécie de crença que se vê até hoje. Seus discípulos, os membros do Chabad

Lubavitch do mundo, como um todo, começaram a refletir sobre a seguinte questão: já que ele está fora de seu corpo, fora da matéria no plano terrestre, sua alma não tem mais limitações e é agora que ele pode fazer tudo o que desejava, e assim a sua presença e a sua força espiritual são ainda maiores sobre o mundo inteiro. A questão do falecimento do Rebe parece não ter abalado a fé na vinda do messias, inclusive, dentro do próprio movimento, a maioria acredita que ele seja o próprio messias. De acordo com Maimônides, há questões que podem ser favoráveis ao Rebe ser o messias e há outras que não. Em uma de suas obras, o messias seria um "ser humano real" e não algo abstrato, um grande líder estudioso que não seria reconhecido de imediato. Mas, em outro texto, o messias deve reconstruir o templo em Jerusalém e juntar os judeus dos quatro cantos do mundo de volta em Israel. Além disso, há a ideia de se ter um messias em potencial em cada geração (cf. Heilman, 2010).

O Rebe foi enterrado ao lado de seu sogro, no cemitério judaico do Brooklyn (Nova York), mais precisamente em Cambria Heights, local hoje conhecido como *Ohel Chabad*. O significado da palavra *ohel* é "cabana", entendida como uma estrutura montada acima dos túmulos dos sábios, dos *tzadikim*.

O lugar, atualmente, tem uma organização própria.[34] Há uma sala inicial, com papéis e canetas para as pessoas que chegarem e quiserem escrever bilhetes com pedidos e agradecimentos ao Rebe. Costuma-se fazer uma prece junto ao túmulo dele, quando os tais papéis são rasgados e lá jogados. Há também um local de oração onde os homens ficam estudando e rezando durante quase todo o tempo; um grande refeitório, onde as mulheres confraternizam e há comes e bebes para todos que ali chegam. Há várias televisões nesses espaços, nas quais vídeos do Rebe são transmitidos. Também são disponibilizados livros, que podem ser comprados, e máquinas para se fazer a *mitzvá* da caridade (como caixas eletrônicos nos quais você faz a sua doação).

Os homens colocam os *tefilim* nos visitantes e as mulheres ajudam nas tarefas gerais. Há também, ao lado do túmulo do Rebe, um espaço fechado para o acendimento das velas.

Há muitos papéis nos túmulos do Rebe e de seu sogro, e tal local é atualmente tido como um local de peregrinação de judeus de todo o mundo. Como é próximo ao aeroporto internacional JFK, em Nova York, vários serviços de traslado oferecem transporte até o local assim que os passageiros chegam (ou de lá para o aeroporto).

O rabino, mesmo depois de mais de 20 anos de sua morte, segue como uma figura de extrema importância dentro do judaísmo mundial. Os relatos de seus milagres não cessam e a ideia dele como messias também ainda é relevante e presente.

Como o judeu brasileiro hoje entende o Rebe Menachem Mendel Schneerson? Vários o veem como um rabino milagreiro, que (de forma inconsciente) legitimou uma série de práticas que estavam fora dos costumes judaicos comuns no judaísmo paulistano do século XX, ou que trouxe a mística para o judaísmo, desconhecida até então. Há imagens (fotos) até hoje do Rebe em vários lares judeus, espalhadas pelos diversos cômodos das casas, assim como há outras imagens de outros movimentos religiosos em lares brasileiros. Há viagens programadas para pedidos especiais a serem feitos no túmulo do Rebe. E há a certeza, por parte de muitos, de que ele é o messias. Um hassídico diz que ele não morreu, mas sim "se ocultou" – verbo usado para mostrar que ele voltará.

Para os *hassidim*, um *tzadik* falecido está muito mais presente do que estava em vida, e é por isso que ir ao seu túmulo é tão importante. Essa prática vem da crença que o *tzadik* estaria mediando o divino com aqueles vivos que têm uma forte conexão com o falecido. O Rebe costumava dizer que "a morte não acaba nem com a vida nem com os relacionamentos" e que "não há um adeus". Seus discípulos sempre disseram que não há um adeus.

> De acordo com o *Talmud*, "*gedolim tsaddikim be-mitatan yoter mi-be-hayyeyhen*". Grandes *tzadikim* são até maiores em sua morte do que em suas vidas. Esta citação deu a principal base para a noção de que um rabino pode alcançar mais pelos seus seguidores em morte do que em vida. (Heilman; Friedman, 2010, p. 16)

Mais especificamente aqui em São Paulo, o Rebe legitima rituais e práticas que eram considerados tabu até poucas décadas atrás (ou será que ainda permanecem desta maneira?). De forma inconsciente talvez, a ideia de "os mortos ainda estarem entre nós", a crença em milagres diversos e até a "pseudossantificação" do Rebe foram aceitas nos meios judaicos sem muitos questionamentos aprofundados. Há uma reflexão interior inconsciente que pode ser descrita da seguinte maneira: já que o Rebe realizou (e realiza) tantos milagres e tem realmente o que podemos chamar de "clarividência", além de todos os dias (quando vivo) ter ido conversar com o sogro em seu túmulo, é possível unir o judaísmo à prática espírita, por exemplo. O Rebe faz acreditar e traz essas "conversas", essa clarividência e até a mediunidade para a vida judaica. Talvez em um momento no qual o judeu precise mais de concretude (no sentido de consolo e talvez respostas) no seu dia a dia e nos momentos difíceis, tais práticas sejam um alívio.

Aprofundando-nos mais nessa questão, há uma ligação entre o Rebe e outras figuras da mística essencialmente brasileira, se é possível descrevermos dessa maneira, como Chico Xavier e práticas espíritas em geral. Embora não haja nenhum trabalho fazendo essa comparação atípica, podem surgir pontos interessantes se analisarmos as duas personalidades isoladamente (como está sendo feito no presente estudo), e, após tais análises, características comuns serem demonstradas. Não há indícios nem falas de que os dois tenham se encontrado em algum momento da vida (viveram basicamente no mesmo período, o Rebe faleceu em 1994 e Chico Xavier, em 2002), pois o Rebe nunca veio ao Brasil e não se tem conhecimento de Chico Xavier visitando o rabino na cidade de Nova York.

Resumindo os pontos deste capítulo, procurou-se demonstrar a mística judaica até então fora da vida cotidiana, desconhecida, voltando a fazer parte de uma rotina, por meio do movimento Chabad Lubavitch.

O que veremos no próximo capítulo serão explicações e reflexões acerca da doutrina espírita e também a doutrina espírita em si à luz de algumas questões acerca do judaísmo.

ESPIRITISMO

Nós sabemos que nenhuma hora é a última hora,
que o mundo é mais do que o mundo.
Abraham Joshua Heschel

O presente capítulo será dividido do seguinte modo: logo de início, uma breve explicação sobre o movimento espírita, seu desenvolvimento no Brasil e considerações gerais. Sem uma preocupação com dados cronológicos, procuraremos uma descrição dinâmica, como é o próprio movimento. Em seguida, algumas reflexões conectando o espiritismo ao judaísmo – quais características são observadas no mundo judaico, quais são aceitas de forma natural pelos judeus – e aos judeus especificamente de São Paulo, da pesquisa deste livro. Em um terceiro momento, a psicografia será explanada, sendo parte fundamental dentro do espiritismo. Uma reflexão acerca do médium Francisco Cândido Xavier, o Chico Xavier, será feita após as explicações sobre psicografia, já que a história de um está profundamente unida à história do outro. A relação do médium com o judaísmo é a parte final do capítulo, para, no capítulo "Judaísmo kardecista em São Paulo", darmos sequência à pesquisa de campo realizada e que fundamenta este trabalho.

3.1 O movimento espírita

Esta seção procura mostrar o que é o espiritismo hoje no Brasil, como ele se desenvolve, chegando à configuração e às características atuais para que depois analisemos o movimento à luz dos judeus espíritas.

É possível afirmar que o número de pesquisas acadêmicas sobre o movimento espírita ainda é pequeno se, principalmente, comparado com o estudo de outros movimentos religiosos. Aqui neste trabalho as informações serão baseadas em algumas das pesquisas e obras mais relevantes academicamente, entre elas: Célia Arribas, *Afinal, espiritismo é religião? A doutrina espírita na formação da diversidade religiosa brasileira*; Reginaldo Prandi, *Os mortos e os vivos: uma introdução ao espiritismo*; Marion Aubrée e François Laplantine, *A mesa, o livro e os espíritos: gênese, evolução e atualidade do movimento social espírita entre França e Brasil*; Sandra Jacqueline Stoll, *Espiritismo à brasileira*; Emerson Giumbelli, *O cuidado dos mortos: uma história da condenação e legitimação do espiritismo*; Jeferson Betarello, *Unir para difundir: o impacto das federativas no crescimento do espiritismo*; Cristiane Martins, *Cura espiritual: a experiência dos não espíritas no Nosso Lar*; Sylvia F. Damazio, *Da elite ao povo: advento e expansão do espiritismo no Rio de Janeiro*; e Cândido Procópio Ferreira de Camargo, *Kardecismo e umbanda: uma interpretação sociológica*.

Além dessas obras, vale ressaltar trabalhos acadêmicos como a dissertação de mestrado de Maria Cristina Mariante Guarnieri (do Programa de Pós-Graduação em Ciência da Religião da PUC de São Paulo) e obras acerca de Chico Xavier.

Várias nomenclaturas relacionadas ao espiritismo são encontradas e mencionadas, como espiritismo kardecista, alto espiritismo, espiritismo de "mesa branca" (todos relacionados à doutrina de Kardec), e também espiritismo de umbanda, baixo espiritismo etc. Neste capítulo, procuraremos restringir seu uso e, sempre que possível, quando a palavra "espiritismo" for mencionada, referir-se-á ao espiritismo de Kardec, não tendo ligação com outros movimentos (mais comumente no contexto brasileiro, o espiritismo é confundido com a umbanda), embora, conforme Betarello (2010, p. 90):

> No Brasil, desde o início, o termo espiritismo foi muito difuso, abarcando tanto a doutrina codificada por Kardec quanto as práticas dos cultos afro, pois se entendia – e até hoje ainda se entende – que a comunicação com espíritos iguala as crenças que a utilizam.

Também vale ressaltar, de acordo com o autor mencionado anteriormente, que o termo "espiritismo" cada vez mais se amplia, pois os indivíduos buscam respostas diversas para o bem-estar psíquico e mental e introduzem novas terapias nos centros. O espiritismo no século XXI, em alguns lugares no Brasil, mostra-se bastante diferente do que Kardec havia pensado.

Retornemos, então, aos pensamentos e ensinamentos de Allan Kardec (1804-1869), pseudônimo de Hippolyte Léon Denizard Rivail, conhecido como o codificador do espiritismo e responsável por organizar de forma sistemática os conteúdos da teoria espírita. Kardec, de acordo com várias obras, cunhou o termo "codificador" para si (cf. Damazio, 1994). De acordo com a historiadora e antropóloga Sandra Jacqueline Stoll (2003), a participação dele próprio em sua doutrina é muito maior do que simplesmente a de um codificador; ele também pode ser considerado um criador, já que interpretava, resumia e colocava as suas reflexões em suas obras, comparando as falas dos espíritos com acontecimentos científicos, concordando ou não com a Bíblia e, principalmente, inserindo o movimento na ciência.

É conhecido e amplamente divulgado que o movimento espírita não tem força no seu país de origem (França), e o local onde realmente se mantém de forma expressiva, forte e contundente é o Brasil. De acordo com o censo do IBGE de 2010,[35] havia 3,8 milhões de espíritas no país, sendo este número bastante polêmico, já que muitos dos brasileiros que têm outras afiliações religiosas também se consideram espíritas (dupla pertença). Não há como mensurar números exatos, pois:

[...] parece que existe um espiritismo não instituído (em particular um espiritismo doméstico ou, se preferir, familial), ou seja práticas e comportamentos espíritas não organizados a partir dos centros religiosos e que escapam a toda investigação sociológica propriamente dita. (Aubrée; Laplantine, 2009, p. 203)

No Brasil, o espiritismo é organizado (se assim podemos dizer) por federações e centros espíritas, onde há trabalhos de doutrinação e estudos, além de rituais diversos (incorporações, por exemplo). Contudo, o objetivo deste livro não está nesses locais, mas nos lares dos espíritas, mais precisamente no ritual chamado "Evangelho no lar". O ritual acontece com frequência semanal, no mesmo local e na mesma hora, para que espíritos encarnados e desencarnados se organizem para ele, e é o momento em que os frequentadores estudam o espiritismo – objetivo principal –, as obras de Kardec e mais algumas outras obras (o que será analisado no capítulo seguinte) e obtêm proteção e amparo. Também podem acontecer rituais de incorporação nesses momentos (que serão exemplificados ao longo do próximo capítulo). A chave desses rituais é sua organização (sendo sempre no mesmo dia, horário e local), já que "o que caracteriza o estudo sério é a continuidade de que se lhe dá" (Kardec, 2011, p. 38) e que "os conhecimentos que esse ensino comporta são por demais profundos e extensos para serem adquiridos de qualquer modo, que não por um estudo perseverante" (p. 58).

Voltando à questão dos centros: "Cada centro espírita, assim como cada terreiro de umbanda, tem, no espaço do *continuum* mediúnico, sua própria especificidade, e é sempre um perigo quando se tenta estudar a sociedade brasileira, fazer generalizações" (Aubrée; Laplantine, 2009, p. 222). De acordo com o sociólogo brasileiro Reginaldo Prandi (2012, p. 39), "o Brasil é o único país em que a doutrina deu origem a uma religião completa e autônoma. Mesmo na França, o país do codificador [...], o espiritismo é hoje pouco lembrado e nunca se transformou em um movimento religioso, como no Brasil".

O primeiro período de instalação e consolidação da doutrina espírita no Brasil foram os anos de 1860 a 1940. As décadas de 1960 e 1970 foram de proliferação das religiões populares no meio urbano, com maior concentração nas grandes metrópoles (cf. Stoll, 2003). São Paulo, assim, tem posição relevante no espiritismo da metade do século XX aos dias de hoje.

Em se falando do espiritismo no Brasil, Kardec privilegia "o aspecto científico do espiritismo e o aspecto religioso ganhou força ao se adaptar ao modo de ser do brasileiro" (Betarello, 2010, p. 40), pois aqui se aproxima de uma religião católica já forte e, além de tudo, recebe a força do (talvez) maior ícone religioso já encontrado no Brasil, Francisco Cândido Xavier.

O espiritismo, quando nasce na França, com um caráter bastante científico, era tido como uma ciência ou uma filosofia. Espíritas ainda podem considerar tal doutrina como:

a) científica, pois entendem que a origem da sua doutrina está na ciência e na razão, o que dá sentido e valor aos acontecimentos da vida.
b) filosófica, aspecto encontrado nas interpretações dos ensinamentos e nas reflexões por eles provocadas.
c) religiosa, pois baseia-se no fato de que a evolução moral indica a evolução do espírito e é no cristianismo, e na sua prática que Kardec reconhece a pureza moral. (Guarnieri, 2001, p. 48)

Kardec (em Martins, 2014, p. 31) afirmava que:

O espiritismo se dirige aos que não creem ou que duvidam, e não aos que têm fé e a quem essa fé é suficiente; ele não diz a ninguém que renuncie às suas crenças para adotar as nossas, e nisto é consequente com os princípios da tolerância e de liberdade de consciência que professa.

Damazio (1994, p. 30) acrescenta:

O Espiritismo, enquanto doutrina, foi cuidadosamente construído a partir de algumas mensagens e de inúmeras sessões de perguntas e respostas com diversos espíritos, através de médiuns psicógrafos renomados. Entre outros, deram testemunho: o Espírito da Verdade, São Vicente de Paulo, São Luis, Santo Agostinho, Sócrates, Platão e Fénelon. As respostas – obtidas de espíritos desencarnados que, como tais, não possuíam nem a sabedoria nem a ciência supremas – não refletiam uma verdade absoluta, mas somente as verdades relativas ao grau de conhecimento de cada um, sendo, portanto, passíveis de revisão. Eram opiniões pessoais sobre os mais variados assuntos e, como tais, deveriam ser tratadas. A partir desse imenso acervo de informações, Kardec dispôs-se a ordenar e a selecionar as perguntas e respostas, rejeitando algumas, enfatizando outras, enfim, dotando de coerência interna o corpo doutrinário que ia elaborando.

Aqui no Brasil, de forma mais ampla, o espiritismo sofreu uma perda do caráter científico. O movimento se tornou o que conhecemos hoje devido a características histórico-sociais brasileiras. Só é possível analisar e discutir o fenômeno espírita dentro do contexto brasileiro, com suas especificidades sociológicas, antropológicas e históricas do final do século XIX até este começo de século XXI. Por isso também é um movimento que muda e se transforma, já que a sociedade brasileira também está (e sempre esteve) em constante modificação.

O movimento difundiu-se de forma muito rápida e, de acordo com Aubrée e Laplantine (2009, p. 109), "está ao alcance de todos, está aberto a todos [...] além disso não obriga ninguém a renunciar a sua religião. Manifesta-se como totalmente compatível com todas as religiões".

Betarello (2010, p. 74) cita uma das obras de Kardec:

O espiritismo [...] vem lançar luz sobre uma multidão de problemas até aqui insolúveis ou mal resolvidos. Seu verdadeiro caráter é, pois, o de uma ciência e não o de uma religião, e a prova disso é que conta, entre seus aderentes, homens de todas as crenças, e que nem por isso renunciaram às suas convicções: católicos fervorosos, que praticam todos os deveres de seu culto, protestantes de todas as seitas, israelitas, muçulmanos e até budistas e bramanistas.

E apesar do papel do cristianismo na formação do espiritismo brasileiro, há a possibilidade de judeus, muçulmanos e praticantes de outras religiões poderem ser espíritas também, sem abdicar da religião "na qual nasceram" ou que escolheram anteriormente.

Em relação ao estudo, no espiritismo, o que se deve estudar, quais as obras que o baseiam? No final do século XIX, muitos espíritas "defendiam a posição de que se deveria estudar apenas *O livro dos espíritos*, sendo o espiritismo encarado apenas como ciência" (Arribas, 2010, p. 95). Ao longo do tempo a doutrina espírita se torna cada vez mais uma "religião" propriamente dita. O espiritismo

> [...] passava a atuar como religião – entronizando uma nova posição – uma nova opção no campo religioso brasileiro – agora um pouco mais plural [...]. Ao escolher a via *religiosa*, o espiritismo conseguiu proteger-se e legitimar-se no Brasil definitivamente.
> Todavia, cabe ressaltar novamente que, para além dos fatores externos existentes e expressivos, internamente ao espiritismo a ala religiosa ganhava cada vez mais força na disputa da primazia de dizer o que era (ou não) espiritismo, angariando deste modo mais vigor e mais autoridade para conseguir sua consagração. Foi nesse contexto que os líderes *religiosos* do espiritismo tiveram que articulá-lo e organizá-lo, fosse doutrinariamente (enquanto crença religiosa sistematizada), fosse burocraticamente, nos moldes formais de uma instituição religiosa. Esse processo de racionalização e formalização, conduzido em dois níveis de organização, teórico e institucional, parece ter sido sentido como um imperativo, em vista da legitimidade necessária para consolidação da recém-assumida, ou melhor, autorreivindicada *religião* no campo religioso brasileiro. (p. 128-9)

Em se tratando do campo religioso brasileiro, uma das grandes personalidades espíritas aqui no país foi o médico Adolfo Bezerra de

Menezes Cavalcanti (1831-1900), mais comumente conhecido (e citado) como doutor Bezerra de Menezes. Ele foi buscar em inúmeras fontes a sustentação para o movimento. Diz Arribas (2010) que as fontes ajudavam tanto na história do espiritismo quanto na crença em várias existências. E, entre tais fontes, muitas são judaicas, como o *Zohar*, Simão ben Jachai,[36] a filosofia cabalística e o Antigo Testamento.

Mais uma vez tentamos resumir a proposta espírita da seguinte maneira: "o progresso por meio da reencarnação, a continuidade da vida espiritual, as penas e recompensas futuras, as leis de causa e efeito" (p. 58). De forma mais bem explanada:

> O espiritismo seria uma doutrina que contém explicações que tratam da realidade, fornecendo uma lógica que permite analisar os eventos da vida, ou anteriores ou posteriores a ela, sob a ótica da evolução continuada por meio da reencarnação, usando o par causa-efeito; fornecendo também diretrizes para condução da vida, com vistas a se obter recompensas futuras, no caso, uma vida melhor em um nível espiritual superior ao atual, garantindo melhores condições reencarnatórias, ou eliminando a necessidade de reencarnações. Estas recompensas futuras, que não podem ser obtidas de imediato, ficando postergadas para após a morte, em vida são trocadas por compensadores. (p. 80-1)

Ao final, Arribas conclui que, sim, o espiritismo pode ser considerado uma religião.

Cândido Procópio de Camargo (1961), em seu livro precursor sobre a teoria espírita, também explicita o movimento. Embora algumas características já tenham sido ressaltadas ao longo destas primeiras páginas, vale a síntese proposta pelo autor:

I. Possibilidade e conveniência de comunicações com entidades espirituais desencarnadas.
II. Crença na reencarnação.

III. Crença na chamada "lei da causa e do efeito", equivalente espírita da ideia tradicional do *karma* hindu. Nada é fortuito e não podemos escapar às consequências de nossos atos.

IV. Crença na pluralidade dos mundos habitados. Cada mundo constituiria uma etapa geral do progresso espiritual. A Terra é considerada um planeta de expiação.

V. Não há distinção entre o natural e o sobrenatural, nem entre religião e ciência. Não há graça. O progresso relativo dos indivíduos depende, exclusivamente, do mérito pessoal acumulado nesta encarnação e em encarnações anteriores.

VI. A caridade é virtude principal – talvez única – e se aplica tanto aos vivos como aos mortos, ou desencarnados, como sempre preferem dizer.

VII. Deus, embora existente, é por demais longínquo e se perde na distância incomensurável de um ponto espiritual que mal podemos vislumbrar.

VIII. Mais próximos estão os "guias", importantes no culto espírita, e que nos ajudam por amor (também há os maus).

IX. Jesus Cristo é visto como grande entidade encarnada – a maior que já veio ao nosso mundo. O Evangelho foi reinterpretado, segundo o espiritismo, em famoso livro de Allan Kardec. (Camargo, 1961, p. 7-8)

O espiritismo enxerga a lei do Antigo Testamento (Moisés) como primeira revelação, Jesus Cristo como a segunda e o espiritismo em si, a obra dos próprios espíritos, como "terceira revelação difundida no mundo inteiro, numa época em que a humanidade terá enfim atingido um nível suficientemente elevado de conhecimento para compreendê--la e colocá-la em prática" (Aubrée; Laplantine, 2009, p. 67). Bezerra de Menezes relata que a obra de Moisés tem claros e escuros, tem uma parte divina e outra parte toda humana, fazendo uma relação com o próprio *O livro dos espíritos* e a pergunta 648: "Que pensais da divisão da lei natural em dez partes, compreendendo as leis de adoração, trabalho, reprodução, conservação, destruição, sociedade, progresso, igualdade, liberdade e, por fim, a de justiça, amor e caridade?"

E a resposta:

> Essa divisão da lei de Deus em dez partes é a de Moisés e de natureza a abranger todas as circunstâncias da vida, o que é essencial. Podes, pois, adotá-la, sem que, por isso, tenha qualquer coisa de absoluta, como não o tem nenhum dos outros sistemas de classificação, que todos dependem do prisma pelo qual se considere o que quer que seja. A última lei é a mais importante, por ser a que faculta ao homem adiantar-se mais na vida espiritual, visto que resume todas as outras. (Kardec, 2011, p. 338-9)

De acordo com Menezes (em Arribas, 2010, p. 165), e por causa dele também, "o espiritismo conseguiria não só se filiar à tradição judaico-cristã como também, e por isso mesmo, situar-se na história, legitimando-se definitivamente". Mas, de acordo com Arribas (2010, p. 179), no Brasil, Bezerra de Menezes "buscou unificar o movimento espírita como um meio de salvação religiosa e, sendo assim, a única via de sua existência e salvação no Brasil – a conciliação entre fé e verdade, ciência e religião".

Aubrée e Laplantine (2009) ressaltam que já existia a comunicação com os mortos antes de o movimento espírita se estabelecer. Mas o que caracteriza o espiritismo é uma doutrina fundamentada no *estudo* dos ensinamentos dos próprios espíritos, sendo a palavra "estudo" a chave do movimento.

Outra característica relevante do movimento espírita é que não há demônios, mas somente espíritos mais primitivos. Além disso, a mediunidade não é uma qualidade pessoal – há vários tipos de mediunidade que uma pessoa pode desenvolver. A mediunidade está presente em todos os seres vivos, porém só alguns desenvolvem-na. De acordo com Kardec (2006, p. 234):

> Todo aquele que sente, num grau qualquer, a influência dos espíritos é, por esse fato, médium. Essa faculdade é inerente ao homem: não

constitui, portanto um privilégio exclusivo. Por isso mesmo, raras são as pessoas que dela não possuam alguns rudimentos. Pode, pois, dizer-se que todos são, mais ou menos, médiuns.

O sobrenatural não existe, há apenas dois estados da natureza, o visível e o invisível, e tudo tem a sua razão de ser, de acontecer. De acordo com Zalmino Zimmermann (2011), Kardec divide os médiuns em duas classes: médiuns de efeitos físicos e médiuns de efeitos intelectuais. Os de efeito físico são os que têm o poder de provocar efeitos materiais, ou manifestações ostensivas; ali estão os médiuns de aparições, médiuns noturnos, médiuns curadores etc. Os médiuns de efeitos intelectuais são mais aptos a receber e transmitir comunicações; entre eles estão os médiuns falantes, videntes, sonâmbulos, pintores, audientes e os psicógrafos. Alguns desses tipos de mediunidade serão exemplificados pela pesquisa de campo, no capítulo seguinte.

Voltando ao movimento espírita brasileiro, há duas orientações principais: educar e aliviar os sofrimentos. Vale também mencionar que, no espiritismo kardecista, só espíritos evoluídos merecem ser incorporados. Já na umbanda, a mediunidade é uma mediunidade exteriorizada, enquanto no kardecismo é uma mediunidade vinda de concentração e de interiorização.

O espiritismo kardecista, menos evidentemente do que o espiritismo da umbanda, é integrador de todas as etnias, ao mesmo tempo que visa a integração de todas as classes sociais. Só um conhecimento superficial do movimento espírita brasileiro levaria a afirmar que os espíritos superiores evocados são todos de origem social elevada e que pertencem tão só ao componente europeu do país. (Aubrée; Laplantine, p. 314-5)

De acordo com Betarello (2010, p. 177): "uma pessoa pode frequentar indefinidamente um centro sem aderir ao grupo ou mesmo conhecer a proposta doutrinária. Pode, inclusive, continuar nominalmente filiado a outra religião".

Para esclarecer ainda mais o espiritismo, colocamos a seguir alguns trechos contidos em *O livro dos espíritos*, de Kardec, antes de seguirmos para um dos rituais de forma mais aprofundada, juntamente com a personalidade do brasileiro mais importante do movimento espírita: Chico Xavier. O livro é composto de perguntas e respostas e foi "escrito" por Kardec em 1857, contendo respostas dos espíritos para as mais diversas questões (páginas citadas após cada exemplo).

Pergunta número 134: Que é a alma? "Um espírito encarnado" (p. 120).
Pergunta número 149: Que sucede à alma no instante da morte? "Volta a ser espírito, isto é, volve ao mundo dos espíritos, donde se apartara momentaneamente" (p. 129).
Pergunta número 160: O espírito se encontra imediatamente com os que conheceu na Terra e que morreram antes dele? "Sim, conforme a afeição que lhes votava e a que eles lhe consagravam. Muitas vezes aqueles seus conhecidos o vêm receber à entrada do mundo dos espíritos e o ajudam a desligar-se das faixas da matéria. Encontra-se também com muitos dos que conheceu e perdeu de vista durante a sua vida terrena. Vê os que estão na erraticidade, como vê os encarnados e os vai visitar" (p. 133).
Pergunta número 667: Por que razão, não obstante ser falsa, a crença politeísta é uma das mais antigas e espalhadas? "A concepção de um Deus único não poderia existir no homem, senão como resultado do desenvolvimento de suas ideias. Incapaz, pela sua ignorância, de conceber um ser imaterial, sem forma determinada, atuando sobre a matéria, conferiu-lhe o homem atributos da natureza corpórea, isto é, uma forma e um aspecto e, desde então, tudo o que parecia ultrapassar os limites da inteligência comum era, para ele, uma divindade" (p. 346-7).

Reforçamos a pergunta de número 160, pois será analisada posteriormente neste capítulo, quando abordaremos Chico Xavier e exemplos de cartas psicografadas.

Na conclusão da obra, Kardec (2011, p. 518) afirma que:

> O espiritismo não é obra de um homem. Ninguém pode inculcar-se como seu criador, pois tão antigo é ele quanto a criação. Encontramo-lo por toda parte, em todas as religiões, principalmente na religião católica e aí com mais autoridade do que em todas as outras, porquanto nela se nos deparar o princípio de tudo que há nele: os espíritos em todos os graus de elevação, suas relações ocultas e ostensivas com os homens, os anjos guardiães, a reencarnação, a emancipação da alma durante a vida, a dupla vista, todos os gêneros de manifestações, as aparições e até as aparições tangíveis.

3.2 Espiritismo e judaísmo: conexões

Nesta seção, voltaremos a algumas questões e explicações acerca do espiritismo mencionadas no item anterior, mas relacionando-as ao judaísmo e aos judeus estudados neste livro. A proposta é que a ideia da aproximação judaísmo-espiritismo fique mais clara e objetiva, e também didática, por mais que algumas repetições possam ocorrer ao longo dos próximos parágrafos.

Começando de forma inclusiva, Aubrée e Laplantine (2009, p. 109) informam que o espiritismo "não obriga ninguém a renunciar a sua religião. Manifesta-se como totalmente compatível com todas as religiões". Tal afirmação é essencial na pertença dos judeus ao movimento, no vínculo deles com o espiritismo. Kardec, tendo explicitado isso na França, quando decodificou o movimento, de certa forma traz uma legitimação e uma permissão para que judeus possam ser espíritas também (por mais que o espiritismo no Brasil, ao longo do século XX, tenha tomado outras características). Outra afirmação de Kardec que vem legitimar tais práticas é colocada por Betarello (2010, p. 74); o autor ressalta o trecho no qual Kardec afirma que o espiritismo conta com aderentes que são homens de todas as crenças, como "israelitas".

O doutor Bezerra de Menezes, de acordo com Célia Arribas (2010), cita várias obras como fundamentais para a construção do espiritismo – obras de importância essencialmente judaica, como o *Zohar* e o movimento cabalista em si. Embora o público-alvo deste trabalho, como citado ao longo do capítulo 2, não tenha conhecimento profundo da cabala nem do *Zohar*, esses escritos se tornam importantes no momento de legitimação de uma prática "fora" do judaísmo, porque tais obras e os dizeres de Bezerra de Menezes funcionam como um embasamento, uma "permissão" (quase que espiritual) para que tais práticas possam ser realizadas.

Aubrée e Laplantine (2009) lembram que a prática de comunicação com os mortos claramente já existia antes do estabelecimento do movimento espírita. Mas o que a doutrina ressalta é a fundamentação do estudo dos ensinamentos dos espíritos em si. Em se tratando de comunicação com os mortos no judaísmo, voltamos ao capítulo "Hassidismo e sua herança no século XXI", no qual citamos as experiências místicas pré-hassídicas e também enfatizamos o criador do movimento hassídico, Baal Shem Tov, que tinha o poder dessa comunicação.

Os mesmos autores afirmam que o kardecismo é "integrador de todas as etnias, ao mesmo tempo que visa a integração de todas as classes sociais" (p. 314), o que legitimaria mais ainda a prática espírita por parte de judeus. No prefácio do livro de Aubrée e Laplantine (2009, p. 19), o sociólogo brasileiro Renato Ortiz traz uma afirmação bastante significativa para entendermos as influências de um movimento religioso sobre o outro, de uma doutrina específica sobre a outra: "Sabemos que as ideias viajam, porém, elas se aclimatam aos portos nos quais ancoram". Nada mais verdadeiro em relação ao espiritismo e ao judaísmo aqui no Brasil. O espiritismo se molda à realidade local e o judaísmo também.

Interessante concluir esta seção com uma menção ao livro de Zamir Cohen, rabino ortodoxo (contemporâneo) de Israel, *A revolução iminente – a ciência descobre as verdades bíblicas*, traduzido para a língua portuguesa em 2011. Além de assuntos como "há vida nos outros planetas", "a genética e a bíblia" e "caráter, destino e livre arbítrio", parte do seu livro trata do tema "a morte não é o fim". Dentro desse tema há subdivisões como: "vida após a morte", "pesquisa parapsicológica hoje", *"dibuks"*, "reencarnação", "regressão à vida passada" e "sessões espíritas". Todas as reflexões são baseadas na Torá, no *Zohar* e na literatura judaica geral (informações e dados fornecidos pelo próprio escritor). No que diz respeito a "sessões espíritas", o autor informa que a "Lei judaica proíbe iniciar ou participar de qualquer forma em uma sessão [...] citamos a existência de sessões como prova adicional da natureza eterna da alma" (Cohen, 2011, p. 239). E logo após o autor descreve uma sessão espírita com alguns questionamentos respondidos por entidades.

Este é um ponto interessante colocado pelo rabino, pois muitos judeus talvez saibam da "proibição" de se "invocar os mortos", mas as sessões espíritas tornam-se, aqui no Brasil, parte de sua cultura. A "proibição" não é forte perante a força do espiritismo de casa; além disso, os judeus espíritas que estão sendo estudados e descritos ao longo desta pesquisa não são ortodoxos a ponto de acatar todas as proibições contidas nos 613 preceitos da Torá, das *mitzvot*. E talvez o espiritismo traga uma concretude à vida judaica, principalmente respostas em momentos de tristeza, como será descrito a seguir.

3.3 A psicografia

A psicografia no espiritismo é tida como uma das maiores e mais importantes formas de caridade. Em primeiro lugar, vale ressaltar do que se trata esse fenômeno: "é a faculdade mediúnica que possibilita a manifestação do espírito por meio da escrita" (Kardec, 2011, p. 217). O médium pode estar consciente em relação ao que está acontecendo e perceber que sua mão é mero instrumento para que sejam escritas mensagens, mas, por outro lado, pode não ter ideia do que será escrito naquele momento. Para Kardec (2006, p. 233), "se a comunicação vem por meio da escrita, qualquer que seja o aparelho que sustente o lápis, o que há, para nós, é psicografia".

Depois de várias tentativas de comunicação com os espíritos, a psicografia passou a ser a forma mais rápida e eficiente de se obter mensagens do mundo espiritual. É através destas mensagens que quase toda doutrina e a maior parte da produção espírita se viabiliza. Mas, como caridade, é na forma de assistência espiritual a quem sofreu uma perda que ela tem um grande valor: o de consolar. (Guarnieri, 2001, p. 65)

Além de oferecer consolo, a psicografia também estimula a reflexão sobre a vida. De acordo com Giumbelli (1997), a prática da psicografia legitima a crença no espiritismo, já que dá voz aos mortos, sendo assim fundamental para o movimento.

Os médiuns precisam de uma preparação para que haja uma harmonização e para que a psicografia ocorra e eles possam agir como intermediários. Zimmermann (2011) informa que há a psicografia ordinária, quando o médium escreve de forma corrente, com uma linguagem de uso comum e corriqueira, e a psicografia xenoglóssica, ou xenopsicografia, que ocorre quando o médium se expressa em uma outra língua, diferente da sua nativa. Tal idioma pode ser (e na maioria das vezes é) estranho ao médium e, muitas vezes, a mensagem pode estar escrita em uma língua morta. No caso brasileiro, de acordo com Stoll (2003, p. 65), "o auge desse processo [psicografia] ocorre nos anos [19]40 e 50, justamente quando se registra um intenso crescimento da adesão ao espiritismo no país".

O médium Chico Xavier (em Stoll, 2003, p. 71) explicita como se sentia durante a psicografia da seguinte maneira:

A sensação que sempre senti ao escrevê-las era a de que uma vigorosa mão impulsionava a minha. Doutras vezes, parecia-me ter em frente um volume imaterial onde eu as lia e copiava; e doutras que alguém mais ditava aos ouvidos, experimentando sempre no braço, ao psicografá-las, a sensação de fluidos elétricos que o envolvessem, acontecendo o mesmo com o cérebro, [...] Certas vezes, este estado atingiu o auge, e o interessante é que parecia-me haver ficado sem corpo. [...] É o que experimento fisicamente quanto ao fenômeno que se produz frequentemente comigo.

Na obra *Psicografia: verdade ou fé*, a pesquisadora Iracilda Gonçalves (2010, p. 151-2) esclarece que:

Para o espírito que se comunica, a técnica constitui uma das possibilidades de provar a sua sobrevivência; de descrever sua vivência, em outro plano de vida e, ainda, de interferir na vivência cotidiana do enunciatário, orientando-o e/ou consolando-o e [...] Na visão do médium o texto psicográfico assume, também, um caráter consolador.

Faz-se necessário entender esse fenômeno, pois foi através dele que Chico Xavier tornou-se um dos ícones brasileiros, e mais especificamente porque interessa ao objetivo deste trabalho, que é fornecer exemplos (talvez seja possível dizer "exemplos concretos") de como os judeus também se aproximaram do espiritismo nas últimas décadas.

3.4 Chico Xavier

Francisco Cândido Xavier talvez tenha sido a personalidade brasileira mais importante do século XX de acordo com pesquisas populares ao longo dos anos. Extrapolou os limites religiosos e se tornou, praticamente, um homem acima do bem e do mal. No prefácio do livro *Chico Xavier: um herói brasileiro no universo da edição popular*, de Magali Oliveira Fernandes (2008, p. 12), Marion Aubrée diz que:

Chico Xavier aparece como o protagonista [de narrativas] ao qual são atribuídos vários adjetivos, tais como "espírito de luz", "criatura de paz", "senhor dos espíritos", que terminam por configurá-lo como um ícone entre "santo popular" e "príncipe encantado", cujo reconhecimento se entende muito além do universo de crença espírita.

Colocado está na citação acima o ponto central de Chico Xavier no presente trabalho: seu papel fundamental "muito além do universo da crença espírita", como disse a pesquisadora. Chico é visto entre praticamente todas as religiões e crenças como uma unanimidade no que se refere a valores como caridade, amor ao próximo, benevolência, humildade etc. Alguns o descrevem como alguém acima do bem e do mal ou, dentro do vocabulário católico, "um santo". Dentro do judaísmo, Chico é visto de igual maneira: com respeito e veneração, como são vistos rabinos e *tzadikim*, por exemplo. Embora Chico tenha sido um dos responsáveis por "transformar" o espiritismo em religião cristã aqui no Brasil, sua figura permanece como a citada anteriormente. Com ele, o espiritismo deixa de ter uma imagem talvez um tanto "demoníaca" e se torna uma orientação de respeito para cidadãos integrados ao modelo urbano aqui existente (cf. Lewgoy, 2004).

Gonçalves (2010, p. 155) afirma que

> Chico Xavier é um exemplo modelar de médium cuja capacidade mediúnica despontou espontaneamente, desde a mais tenra idade. Conforme relata, a sua mediunidade psicográfica eclodiu quando ele começou a frequentar a escola, aos 9 anos de idade, embora, aos 5, ele já conversasse com espíritos.

Na pesquisa para sua tese de doutorado sobre Chico Xavier, a qual deu origem ao livro anteriormente mencionado, Magali Oliveira Fernandes conta como, independente da crença, há um reconhecimento imediato sobre de quem se fala. Sobre as entrevistas que realizou, a autora relata:

> eu não percebia nenhum estranhamento ao pronunciar o nome Chico Xavier, porque elas logo se lembravam dele, com maior ou menor

detalhamento; em segundo lugar era notória a disposição delas em contar um episódio relacionado ao tema espírita ou ao próprio Chico especificamente, ocorrido na família ou com algum conhecido, próximo ou mais distante. (Fernandes, 2008, p. 17-8)

Chico Xavier nasceu em 1910 e faleceu em 2002. Escreveu 418 obras, todas elas psicografadas, e cedeu todos os direitos sobre tais livros para obras assistenciais. A princípio, Chico era mais comumente conhecido por suas obras mediúnicas, por seu trabalho com a psicografia, mas, ao longo dos anos, passou "a ser considerado 'Chico dos espíritos', e também 'o mais famoso médium' ou 'Senhor dos espíritos', uma 'ponte' atuando entre o mundo das histórias de santos e o do dia a dia" (p. 163). O antropólogo Bernardo Lewgoy (2004, p. 15) afirma: "frequentemente descrito como o 'homem coração', Chico emergiu como um santo da renúncia e da caridade, desistindo de quaisquer benefícios pessoais e dependências materiais que não estivessem de acordo com as regras de seu mediunato".

A seguir detalharemos um aspecto essencial relativo ao médium para este livro: sua ligação com os membros da comunidade judaica, mais especificamente a comunidade judaica paulistana.

3.4.1 Chico Xavier e o judaísmo

Quando há a perda de alguém querido, o desespero e a tristeza são as reações comuns de quem fica. Não importam a religião pessoal, crenças diversas e/ou o apoio recebido. O ser humano busca respostas e sentidos depois da morte. Chico era um alento a milhares de pessoas que passavam para consultá-lo ou para receber uma carta psicografada de um ente querido falecido.

A ideia de imortalidade, de uma vida após a morte, proporciona um alívio imediato, um conforto para o enlutado que, imerso em sua dor, alterna-se entre a procura e a ilusão de encontrar aquele a quem amou, conviveu e que agora não existe mais. O teste de realidade apresenta-se cruelmente ao sobrevivente, mostrando que aquela vida não está mais aqui. Estaria em algum lugar? Onde? Morte e vida apresentam-se ao sobrevivente carente de sentido e razão. (Guarnieri, 2001, p. 45)

O espiritismo, principalmente com a prática da psicografia, torna-se um instrumento valioso para aqueles que aqui sofrem por terem perdido um ente querido. E aqueles que procuram tal alento não se restringem aos espíritas somente, mas alcança pessoas de outras religiões também. Como já ressaltamos, o espiritismo traz concretude às questões e aos sofrimentos vividos. Aos judeus inclusive, inseridos na realidade brasileira e paulistana.

Um dos mais importantes laços do espiritismo com o judaísmo se dá através do livro *Quando se pretende falar da vida*, de 1983, já citado na introdução e pormenorizado a seguir.

Roberto Muszkat era um jovem de 19 anos em 1979, quando foi acometido por um choque anafilático e faleceu imediatamente. Seus pais e seus cinco irmãos, em momentos de desespero absoluto, procuraram Chico Xavier na cidade de Uberaba, onde este prestava assistência, e começaram a frequentar seu centro espírita. Cinco meses após a morte de Roberto, o médium psicografou uma carta dele e, ao longo do tempo, mais 21. O pai do jovem, David Muszkat, juntou todas elas e as publicou em formato de livro. Ao longo da vida, a família manteve a ligação com Chico e com suas obras assistenciais. No início do livro, o pai explica:

> Hoje, acredito que cada um de nós tem um destino e um tempo certo pra desempenhar suas funções no mundo terrestre. Alguns conseguem realizá-las em tempo mais ou menos curto. É, enfim, a verdade que jamais conseguiremos compreender no mundo em que vivemos. Acho até que deve haver mais do que cinco sentidos, porém desconhecidos e pouco desenvolvidos. Conhecemos, nesses momentos mais

difíceis de nossas vidas, um destes homens ímpares, que encontra uma explicação fácil para tudo o que acontece, inclusive a morte, pois, sendo humilde, só entende uma linguagem, o amor. Este homem, Chico Xavier na intimidade, tem nos dado muito calor e até consolo. Através dele temos recebido algumas notícias daquilo que chamamos de Além, do nosso querido Roberto [...] Quando se perde um ente querido e muito mais, um filho maravilhoso, começam a acontecer muitas coisas. Começamos a pensar mais, refletir mais e também sentir mais os fenômenos presentes e constantes que nos cercam, ou seja, começamos a dar valor às coisas que antes não nos importavam, ou melhor, não nos preocupavam. Quando procuramos o Chico Xavier, claro que fomos atrás de uma mensagem, mas, querem saber, achávamos realmente que iríamos sentir nosso filho de alguma forma, fosse ela através do Chico ou de nós mesmos, o que nos parecia até mais provável, pois temos, nesta fase, desenvolvido muito mais sentidos nossos, que estavam em algum canto do nosso cérebro, inertes. (Xavier et al., 1983, p. 24-6)

A dor da perda do filho é nítida nas palavras do pai, David. E sua busca por consolo em Chico Xavier independe de sua religião de origem, o judaísmo. Há uma necessidade real de fé e materialidade nas respostas e no consolo que busca e que talvez o judaísmo não dê. A busca pelo espiritismo nesses momentos difíceis justifica todo o crescimento do movimento ao longo das décadas.

O pai continua em sua reflexão:

Sinto que a vida não pode, pura e simplesmente, terminar com a morte; a parte física e material sim, mas e o resto... tudo aquilo que se plantou pode ser truncado de maneira tão abrupta? Creio que não e faço este pensamento todos os dias, achando que meu filho deve estar melhor do que eu. Isso me ajuda em meu caminho. (p. 32-3)

Chico Xavier é a resposta para esta dor e para a dor de inúmeras pessoas que perderam alguém importante. O livro apresenta 22 cartas de

Roberto psicografadas pelo médium. Além das cartas, há observações explicativas de alguns termos e algumas questões relativas à família. A seguir, apresentaremos trechos de algumas das cartas contidas no livro. Tais trechos foram selecionados pois contêm relações com a religião judaica e/ou relações com a vida familiar, como veremos a seguir (páginas citadas após cada exemplo).

a) Trecho de carta psicografada em 16 de novembro de 1979

[...] com a permissão de nossos Mentores Maiores, peço o seu consentimento para contar-lhe que o meu desligamento do corpo foi rápido. Horas antes, nada previa com relação ao acontecimento significativo que me aguardava. Preparava-me para o descanso depois de haver medicado o trato nasal, quando senti no peito algo semelhante a uma pancada que me alcançou todas as redes nervosas. Tentei falar mas não consegui. Um torpor suave se seguiu ao fenômeno e notei que um sono compulsivo me invadia a cabeça. Percebi intuitivamente que me deslocava do corpo, embora permanecesse vinculado a ele, quando em meio do esforço para definir o que sentia para a análise de meu próprio raciocínio, ouvi nitidamente sobre mim a voz inesquecível de alguém pronunciando as santas palavras *Baruch Dayan Emet* e reconheci que a frase não partia dos nossos de casa...

Busquei identificar-me com a sublime expressão de louvor, mas o torpor aumentava. O frio nas extremidades me compelia a admitir a presença da liberação física e rendi-me aos desígnios do Eterno, tentando seguir o rumo em que a voz se expressara, qual se me houvesse transformado num pássaro ansioso por saber a direção do meu novo ninho, já que não mantinha mais qualquer dúvida sobre a ocorrência que me separava da moradia corpórea, à maneira do inquilino que se vê expulso da própria habitação, atendendo a influências compulsivas; no entanto, entre aquela voz e eu mesmo estava o desmaio que me consumia o discernimento...

Foi quando tomado de estranha sensação de bem-estar, escutei ainda as palavras: *Leshaná Habaá bi Yerushalaim*. Compreendi que era um adeus e dormi com a tranquilidade de uma criança. Mais tarde, soube que meu avô Moszek Aron ditara em meu favor aqueles vocábulos santos para que me aquietasse, contando com os imperativos do Mais Alto. Quando acordei, me via num leito alvo com a Vovó Rachel velando por mim. Dias se passaram, sem que eu lhes saiba da conta. Entendi sem relutância que já não mais me encontrava em nossa casa e, sim, numa "outra vida", que se fazia surpresa e deslumbramento para os meus pensamentos de moço. (p. 45-7)

Além de relatar e "contar" aos pais como foi o falecimento, neste trecho da carta, de forma muito interessante, Chico Xavier psicografa duas expressões em hebraico de extrema relevância para os judeus. A primeira, *Baruch Dayan Emet*, é a expressão falada imediatamente ao receber a notícia da morte de alguém e também ao final do sepultamento de um familiar. Em português, significa "abençoado seja o juiz verdadeiro" ou "bendito seja o verdadeiro juiz". A segunda expressão, *Leshaná Habaá biYerushalaim*, significa "no ano que vem em Jerusalém". É um desejo coletivo para que todos se encontrem em Jerusalém um dia, terra de todos os judeus. Além disso, há a menção dos nomes dos avós de Roberto e a descrição do momento de sua morte. A importância da mensagem para a família talvez seja impossível de ser descrita.

b) Trecho de carta psicografada em 13 de setembro de 1980
Mãezinha Sonia, estamos nas alegrias da paz e a todos desejamos a paz do Senhor.
Não podia deixar de responder aos desejos do nosso querido Ricardo. Antes, porém, quero exprimir a todos de nossa Família, as melhores bênçãos de *ROSH HASHANA*.
Associo-me, ainda, às comemorações dos natalícios do nosso Renato e do nosso Ricardo que foram e que estão sendo partilhadas por mim. Aos queridos irmãos, o meu ideal de paz e felicidade que desejo aureolado por muito sucesso e trabalho benemérito na senda dos dois.
Peço ao Ricardo continuar refletindo sobre a solenidade do dia 4. Acompanhamos com carinho tudo aquilo que se define perante nós outros, os amigos da Espiritualidade, o melhor que possa acontecer.

Eis o nosso Ricardo faceando a tarefa nova em que está entrando. Rogo a ele preparar-se com atenção para colocar o *"tefilim"* com êxito necessário e habilitar-se para recitar com clareza o *"Sidur"*, porque, muito breve, estará ele entre os *"miniam"*, de vez que desses grupos de pessoas dignas e operosas é que recebe a vida determinada força para proteger-se. Tudo estará bem. (p. 59-60)

Aqui o jovem Roberto cita a festa de final de ano judaica, o *Rosh Hashaná* (ao pé da letra: cabeça do ano), além de falar do *bar-mitzvá* de um de seus irmãos, quando este colocará o *tefilim* (filactérios que simbolizam a declaração à unidade de Deus, já explanados em capítulo anterior) e também o *Sidur*, livro judaico que contém as rezas. Roberto também diz que o irmão já será considerado adulto após a cerimônia e que, assim, poderá fazer parte de qualquer *miniam*. *Miniam* ou *minian* é o número, o quórum necessário no judaísmo (de dez pessoas) para que qualquer cerimônia ou obrigação religiosa aconteça, ou para qualquer oração pública, rezas ou enterros, por exemplo.

c) Trecho de carta psicografada em 14 de março de 1981
Querida Mãezinha Sonia, a paz esteja conosco. Estamos presentes, com lembranças festivas. Ressurreição não comporta luto.
Vejo-a de branco, na cor de nossa paz e de nossa alegria.
Parece-me estar numa bela noite de *Havdalá*. O vinho simbólico é o amor que rege a união dos amigos que se interligam com os nossos corações, neste recinto de esperança. As especiarias são as vibrações de carinho em que nos envolvemos. Os perfumes são os pensamentos de amizade que nos reconfortam. As flores aparecem nos gestos de bondade com que somos acolhidos. Falta o Papai David para a bênção do *Berachá*, no entanto, o vovô Moszek está conosco e pede ao Eterno, abençoe a cada um de nós. (p. 65)

Roberto aqui se lembra do momento da *Havdalá* no judaísmo. *Havdalá* é um acontecimento semanal, o momento do término do *Shabat*, o dia de descanso. Esse momento é um marco entre o descanso e a semana de trabalho que começará. É costume em lares judaicos (e sinagogas) que se tome vinho e se realize uma *Berachá* (ou *brachá*) especial – uma oração, uma prece. Além disso, Roberto transmite o recado para a mãe, Sonia, que sofre muito com a perda do filho.

d) Trecho de carta psicografada em 14 de novembro de 1981

Tivemos um belo dia de *"Purim"* e, em pensamento, rogamos licença aos nossos Maiores para alongarmos as horas do sábado para cá do anoitecer, porquanto, a nossa festa foi uma autêntica fonte de alegria e de comunhão com todos. Ontem à tarde, o Vovô Moszek Aron elevou a prece de gratidão ao Todo Misericordioso. *"Lechá Dodi"* muito nos comoveu e vários amigos partilharam conosco da alegria que os pais queridos e os queridos irmãos me ofereceram...

[...] *Shalom Aleichem*. E a paz nos envolveu a todos, a todos os que seguíamos todas as providências, a fim de que nossa casa se transportasse para o convívio de nossos irmãos em Humanidade, a contarem conosco para mais segurança na jornada. (p. 76-8)

Roberto Muszkat, aqui, cita uma das festas do calendário judaico, a festa de *Purim*, que comemora a vitória dos judeus persas de Haman e é a festa descrita no livro de Esther (já explanado em nota em capítulo anterior). Além disso, Roberto ressalta o *Lechá Dodi*, que é uma canção tradicional (provavelmente escrita no século XVI) cantada no início do *Shabat*, na sexta-feira, quando é recebida a "noiva do *Shabat*". E, finalmente, a expressão *shalom alechem*, que em português significa "que a paz esteja convosco".

e) Trecho de carta psicografada em 17 de abril de 1982

Abril continua março e fiz de nossa excursão uma lembrança do dia que me assinalou a volta. Tanta alegria naqueles rostos e tanta fé naqueles corações!

Com diversos companheiros, nos sentimos abençoados, como na ocasião em que visitamos o berço antigo de Terra em que dormem as relíquias do sábio Rabi Simeon-ben-Jochai, em Tsefad.

Em um templo de festa em que muitos amigos espalhavam provisões de cevada e fardos de pães, em benefício de nossa grande família, no pedaço de solo que prossegue sob o meu respeito e admiração. Cantamos recordando *Chag-ha-Bi-Curim* e nos reconhecíamos todos irmãos reunidos e no mesmo Lar do Grande Pai, sob o teto azul, pintalgado de mundos pendentes. (p. 88-9)

Neste trecho, Roberto cita Simeon-ben-Yochai, já apresentado anteriormente neste capítulo. O rabino é tido como o escritor do *Zohar*, o livro místico do judaísmo. Além disso, a cidade de Tsefad é mencionada – a cidade dos místicos em Israel, também conhecida com o Tsfat, Sfat ou Safed. A festa da colheita, *Chag habicurim*, também é citada por ele. A *Chag Habicurim* (festa dos primeiros frutos), conhecida também como a festa de *Shavuot* (semanas), é celebrada para lembrar o momento em que os fazendeiros levavam suas colheitas para o primeiro templo, em Jerusalém; além disso, é o dia da outorga da Torá ao judeus no Monte Sinai.

f) Trecho de carta psicografada em 10 de julho de 1982
SAUDAÇÃO
Saudação a meu querido pai, dr. David Muszkat, em seu feliz aniversário:
Doação dos Céus.
Amor sempre.
Vida triunfante.
Infinita bondade.
Devoção fiel.
Maturidade sublime.
União para o bem.
Sabedoria e prudência.
Zelo incessante.
Kibutz da fraternidade universal. (p. 96)

Roberto faz uma homenagem ao pai, que aniversariava quando buscava uma de suas cartas. No último verso da poesia escrita, ele faz uso de uma metáfora interessante, dizendo que o pai pode ser considerado um "*kibutz* da fraternidade universal". Um *kibutz* é um modelo de comunidade e fazenda israelense onde todos os membros vivem em torno do que produzem ali e há cooperação nos aspectos familiares, culturais, sociais e educacionais. A palavra *kibutz* vem do hebraico *kvutzá*, que quer dizer grupo. É possível entender o poema de Roberto, pois o pai, David, além de médico, era uma personalidade muito ativa na comunidade judaica de então. Sendo assim, reunia e compartilhava valores de fraternidade, como se estivesse presente em um *kibutz*.

g) Trecho de carta psicografada em 13 de novembro de 1982
Para ver um sorriso no Papai David e na Mãezinha Sonia, repetirei uma anedota que colhi no humorismo *idish*.
Certo *Snorrer*, depois de descer de um comboio no qual fizeram longa viagem, disse a um amigo:
— O que mais me impressionou na excursão foi ver que o chefe do trem me fitava de modo extremamente particular...
— E que há nisso demais? — disse o outro — Por que o chefe o fixaria desse modo?
O *Snorrer* explicou:
— Ele supunha que eu viajava sem passagem...
— E que fez você diante disso?
O outro esclareceu:
— Eu respondia, fitando igualmente o homem, como se a tivesse!
Falo no assunto, porque me tratam do pobre natalício com tamanho carinho que estou na mesma posição do viajante desvalido. Estou na alegria de quem realmente merecesse a festividade que me trazem.
(p. 100-1)

Diz-se no espiritismo (algo que também será visto no próximo capítulo, nas pesquisas de campo) que as mesmas características da pessoa em vida são mantidas quando ela desencarna. Aqui, Roberto tenta trazer alegria e conforto aos pais, contando uma anedota na língua iídiche. O *snorrer* é um personagem típico de anedotas judaicas do meio *ashkenazi*, do Leste Europeu. Ele representa a figura de um mendigo, um pedinte.

h) Trecho de carta psicografada em 12 de março de 1983

> Por isso, neste quarto aniversário de vida espiritual, venho confirmar-lhe que estamos disponíveis para servir na cantina do leite, em benefício diário dos meninos, nossos irmãos que estão abordando a Terra à procura de amparo, a fim de que se solidifiquem na fé.
> Nossa palavra não expressa intimação, nem cobrança. Prometemos. E a nossa instituição singela começará a produzir o suprimento das bênçãos para muitas crianças que marcharão no rumo do porvir, conduzindo a mensagem de bondade humana de que nos sentimos portadores.
> Sem dúvida, as belas frases são tentadoras, mas, depois de tempo certo, é indispensável transformá-las em boas obras que colaborem com o levantamento do novo mundo.
> Mãezinha Sonia, isso é o que eu desejava escrever, expressando não só os meus pensamentos, mas também as reflexões da vovó Rachel, da querida bisa Malke, do Boris, do Moyses que se encontram presentes. (p. 108)

Roberto ressalta o quarto aniversário de seu falecimento no trecho acima. Além disso, cita os nomes de parentes falecidos – avós e bisavós. Vale ressaltar que tais parentes são mencionados em quase todas as cartas ao longo do livro, permanecendo a ligação entre eles mesmo após a morte.

Ao final do livro, nos agradecimentos, o pai, David Muszkat conta:

> Revendo as coisas de Roberto, intactas desde que nos deixou, minha esposa encontrou cartas e composições de seu tempo de criança e adolescente.
> Lendo-as, senti grande espiritualidade em nosso filho, assemelhando-se, seus escritos, constituídos de redações, frases amorosas, desenhos, dedicatórias, às mensagens por nós recebidas, através de Chico Xavier.

Certa noite, quando minha esposa atravessava uma de suas inúmeras fases difíceis, após o falecimento de Roberto, relendo as várias mensagens que ele nos enviara, notamos em uma delas que havia um pedido de Roberto para que a mãe lesse uma citação bíblica do profeta Isaías.

Sonia procurou a Bíblia, já esquecida e não manuseada pelos nossos há mais de dez anos e qual não foi nossa surpresa: ao abri-la caímos diretamente na página onde havia inclusive um marcador de livro e justo no trecho que a mensagem de Roberto nos indicava. Como explicar um fato como este!

Em uma das mensagens, Roberto desenhou a estrela de David com seis pontas, escrevendo em cada ponta o nome de seus irmãos e o seu próprio, homenageando a nossa união de família, coisa que efetivamente fazia, quando entre nós.

Realmente são provas de autenticidade e da presença do nosso filho querido.

Espero sinceramente que estas linhas, aqui gravadas, sirvam para aqueles que, sofrendo como eu, possam encontrar um pouco de paz e conforto. (p. 115-6)

Ao encerrar o livro, o pai de Roberto ressalta a veracidade das cartas de Chico, provando a todo instante que a presença de seu filho é fato concreto. Ademais, pede conforto a todos aqueles que passam pelo sofrimento como o que ele ali passava.

Em nenhum momento deste trabalho, o objetivo está na veracidade do fenômeno da psicografia, buscando provas para comprovação se tais cartas ou determinadas questões são, de fato, verídicas. Mantendo isso como ponto, uma das cartas de Roberto aparece na compilação de missivas que está no livro *A vida triunfa – pesquisa sobre mensagens que Chico Xavier recebeu*, organizada pela AME-SP e por Paulo Rossi Severino (Associação Médico-Espírita de São Paulo). Por mais que tal livro não seja documento acadêmico, indicamos a existência de tal estudo sobre 45 cartas psicografadas. Ao final dessa publicação, em relação à linguagem, há uma referência específica à carta de Roberto, que diz:

> Roberto Muszkat (caso número 33) escreveu em português, mas utilizou palavras e frases em hebraico. Para ler a mensagem ao final da reunião, o médium precisou da ajuda do pai do jovem comunicante, o médico David Muszkat, porque desconhecia a pronúncia e o significado das mesmas. Aliás, o próprio médico teve dificuldade com algumas expressões, tendo tido necessidade de consultar alguns rabinos em São Paulo para conhecer-lhes o significado verdadeiro, porque pertenciam ao hebraico antigo. (Severino; AME-SP, 1990, p. 269)

No campo relativo à religião, não há informação sobre o caso do jovem em questão, mas no campo "cidades e atividades no mundo espiritual" há a seguinte explanação:

> Roberto Muszkat (caso número 33) descreve com maiores detalhes a cidade em que se encontra na outra dimensão da vida: "Vim a saber então que me achava em *Erets Israel*, ou Terra do Renascimento, cuja beleza é indescritível. Ali, naquela província do Espaço Terrestre, se erguia uma outra cidade luminosa dos Profetas. Os que choraram no mundo, os que sofreram torturas, os que foram martirizados e queimados, perseguidos e abatidos por amor à vitória do Eterno e Único Criador da Vida operam repousando ou descansam trabalhando pela edificação da humanidade nova".
> O comunicante lembra que outras nações possuem também cidades como essa nas esferas que cercam o planeta. Roberto está particularmente feliz em comungar com milhões de outros corações a mesma crença no Pai Único. (p. 277)

Roberto fala de *Eretz Israel*, cuja tradução é a terra de Israel, como é comumente conhecido o país do Oriente Médio pelos judeus ao redor do mundo. A ideia, inclusive, da volta do messias é a de que, quando todos os judeus estiverem em *Eretz Israel,* ele virá.

3.5 Chico Xavier e o Rebe de Lubavitch. O espiritismo e o judaísmo – algumas considerações

Ao finalizar este capítulo, notamos algumas semelhanças entre o Rebe de Lubavitch, descrito no capítulo anterior, e Chico Xavier. Embora as similaridades entre os dois não sejam o ponto principal deste livro, algumas características das duas personagens valem ser mencionadas, ao aproximarmos o espiritismo do judaísmo e antes de entrarmos na pesquisa de campo.

Ambos viveram na mesma época – o Rebe Menachem Mendel entre 1902 e 1994 e Chico Xavier entre 1910 e 2010. Não há notícia de encontro dos dois, nem que um tenha ouvido falar do outro. Não há registros para qualquer tipo de constatação. O que está sendo feito aqui são somente observações em relação aos dois líderes.

Desnecessário dizer o quanto eram respeitados não só dentro de suas próprias práticas religiosas, mas também por ações de caridade e fraternidade perante o próximo. Em se tratando de caridade, o Rebe distribuía notas de um dólar todos os domingos àqueles que iam à sede do movimento Chabad em Nova York, e Chico Xavier distribuía uma nota de um cruzeiro – que era a moeda da época – para cada criança, em uma fila muito grande, no centro de Uberaba (cf. Fernandes, 2008). Ao ser questionado sobre o porquê deste ato (dar uma nota com um valor tão baixo), Chico respondeu: "A curto prazo, esse um cruzeiro será uma pontinha de luz no coração de cada criança, porque toda criança adora ganhar dinheiro. E, a longo prazo, cada pontinho de luz e alegria somados irão colaborar contra a marginalidade" (p. 27). Justificativa similar era usada pelo Rebe de Lubavitch.

Um dos livros mais importantes do Rebe, compilando seus discursos e suas ideias, como já citado no capítulo "Hassidismo e sua herança no século XXI", é *Rumo a uma vida significativa: a sabedoria do Rebe*, adaptado por Simon Jacobson e traduzido para várias línguas, inclusive para o português. Em uma das primeiras vezes em que lemos o livro, notamos a semelhança com algumas questões relativas ao movimento espírita. A semelhança também nos foi informada por participantes da pesquisa de campo.

Foi discutido anteriormente o papel da caridade no espiritismo, sendo ela fundamental na doutrina. O Rebe afirmava: "a caridade abre novos canais de riqueza que vêm do alto [...] para além do aspecto financeiro, a caridade enriquece a mente e o coração mil vezes mais [...] acima de tudo, é importante ser uma pessoa generosa em todas as situações" (Jacobson, 2007, p. 141).

Em se falando da vida após a morte, da alma, assunto corrente na doutrina espírita, Menachem Mendel dizia que, depois da morte, "a alma continua viva como sempre, agora liberta dos constrangimentos físicos do corpo" (p. 155). E dizia que havia dois mundos, pois "quando você tem somente um Deus e dois mundos, o material e o espiritual, não há nada a temer", já que "os valores humanos são efêmeros, em constante mudança, os valores espirituais são eternos" (p. 177).

Além disso, o Rebe, como no espiritismo, informava que "nunca podemos definir totalmente a realidade, pois ela abrange muito mais do que nossos limitados instrumentos humanos podem observar ou experimentar" (p. 254).

Muitos outros exemplos podem ser retirados deste material compilado por Jacobson, mas aqui só colocamos alguns itens para mostrarmos a possibilidade de vínculos e ligações que inicialmente podem ser feitos.

Depois de verificarmos as características do movimento espírita, Chico Xavier, a psicografia e as relações com o judaísmo, caminharemos a seguir para a pesquisa de campo, na qual as conexões concretas de judeus no espiritismo serão apresentadas.

JUDAÍSMO KARDECISTA EM SÃO PAULO

A existência judaica não é somente a aderência a certas doutrinas e observâncias, mas principalmente o viver na ordem espiritual do povo judeu, o viver nos judeus do passado e com os judeus do presente.
Abraham Joshua Heschel

Para embasarmos a nossa hipótese e ilustrarmos de forma completa e ampla nosso objetivo, a pesquisa de campo torna-se imprescindível. Como tema inédito e como assunto de importância na comunidade judaica contemporânea brasileira nos séculos XX e XXI, as informações coletadas contribuem para um olhar abrangente e, ao mesmo tempo, bastante detalhado sobre os lares judaicos que praticam o espiritismo.

A participação, como observadora, ao longo de mais de quatro anos, foi essencial para a elaboração deste texto e para um entendimento profundo antes, durante e após as extensas leituras realizadas.

As pesquisas de campo foram realizadas numa frequência quase semanal, por cerca de quatro anos, em rituais chamados de "Mesa branca" ou "Evangelho no lar", já explanados em capítulo anterior.[37] A pesquisadora atuou como observadora em todos os encontros feitos ao longo do período relatado, e a pesquisa qualitativa foi realizada sem entrevistas ou questionários junto aos envolvidos. Isto é: não houve entrevistas diretas, mas somente observações. Os relatos a seguir foram feitos a partir de tudo o que foi observado pela pesquisadora.

Este capítulo final do livro, com os relatos pormenorizados das pesquisas de campo, corroborarão para a principal hipótese que apresentamos aqui: a de que existe um judaísmo kardecista na cidade de São Paulo. Ou ainda: existe um espiritismo judaico. Como já mencionado no capítulo anterior, partimos do pressuposto de que o espiritismo é uma doutrina que engloba outras manifestações além do kardecismo.

Os rituais foram observados em duas casas judias, cujos membros são, em sua maioria, judeus.

Os relatos que serão pormenorizados ao longo deste capítulo serão divididos em duas partes, uma para cada casa pesquisada, observando sua estética, seus membros e os rituais de forma detalhada.

Antes do início dos relatos, é importante enfatizar que existe uma presença judaica nas federações, entidades e centros espíritas espalhados pelo país, mas a opção para este livro foi analisar casas de judeus que praticam o espiritismo. Acredita-se que o relato daqueles que frequentam centros espíritas, por exemplo, seria claramente um relato fortemente influenciado por tendências do centro, sem nenhum "eco" judaico, se é possível dizermos dessa forma. Os rituais de "Evangelho no lar" são rituais que a cada momento estão ficando mais "personalizados", apesar da necessidade de homogeneização exigida pelas federações e explanada por Kardec em suas obras. Justamente por isso, e porque faz mais sentido para testar a hipótese deste livro, a construção de um judaísmo espírita, pesquisamos nos lares judaicos.

4.1 Relatório de observação – "Evangelho no lar" – casa 1

A responsável que recebe os membros para a reunião é espírita, pois a família sempre foi, e cabe aqui ressaltarmos a hereditariedade demonstrada nos membros do espiritismo, como observado nas pesquisas. Ela vem sediando as reuniões ao longo de mais de uma década, juntamente com a irmã, desde pouco tempo depois que a mãe faleceu. A média de participantes é de oito pessoas, mas dependendo do encontro podem ser seis ou, em outros momentos, dez pessoas. Fazer reuniões em São Paulo em um dia de semana à noite é um dos desafios à frequência do local.

Há geralmente mais mulheres do que homens e não são todos de ascendência judaica, alguns são amigos da dona da casa e frequentam as reuniões há algum tempo. A maioria dos membros é frequentadora assídua desde que as reuniões começaram. Há também, não com tanta frequência, a presença de algum convidado de um dos participantes – um membro da família ou um amigo que passa por algum tipo de necessidade específica e é trazido para a reunião para que tal problema seja discutido/solucionado e para que a pessoa tome um passe.

O início das reuniões nesta casa ocorreu há cerca de cinco décadas, quando a mãe (judia *ashkenazi*, vinda da região da Europa do Leste) aqui conheceu o espiritismo (a filha esclareceu em uma das reuniões que a família, quando veio ao Brasil, não tinha conhecimento de outras formas místicas, como a cabala, e que a mãe e a tia conheceram o espiritismo na cidade de São Paulo, ainda jovens). Desde então, passou a ser uma ávida estudiosa do assunto. Além de ter sido uma grande conhecedora do movimento, também era uma pessoa que recebia as pessoas em casa em momentos diversos, além dos dias reservados para os estudos espíritas, e dava vários tipos de aconselhamento. A tia e a mãe da médium que orienta as reuniões eram as que comandavam os estudos quando vivas. A tia faleceu muito jovem e sempre "voltava" para conversar com a irmã, fato relatado em uma das reuniões.

Ao descrever o desenvolvimento e a organização das reuniões semanais, optamos por uma estrutura cronológica dos acontecimentos, em tópicos, para um maior detalhamento voltado à melhor compreensão.

4.1.1 Da organização do espaço

Com relação à organização do espaço: ao chegar à casa, os participantes encontram, sobre a mesa (com uma toalha branca), duas listas: uma para que nomes de pessoas que necessitam de saúde física sejam escritos e outra para que nomes de pessoas que necessitam de saúde espiritual, equilíbrio e/ou trabalho sejam escritos. Nas listas há sempre muitos nomes escritos semanalmente (listas novas são refeitas todas as semanas). Além disso, há um caderno bastante antigo no qual são escritos nomes de pessoas vivas, para que estas tenham vibrações positivas sempre, e do outro lado do mesmo caderno há a lista dos mortos/desencarnados com a respectiva idade do falecimento, para que recebam "vibrações positivas". Listas e caderno sempre permanecem sobre a mesa em todos os encontros.

Há também sobre a mesa fotos de parentes (vivos) dos membros ali presentes (crianças, pais, avós etc.), nomes de empresas que estão passando por dificuldades, cartões de visitas de conhecidos ou dos próprios participantes. Há também uma foto do Rebe Menachem Mendel Schneerson (o cartão de visita distribuído no centro do Chabad, em Nova York, já comentado em capítulo anterior). Além disso, os livros reunidos para estudo que lá estão são os seguintes:

- *Vigiai e orai*, Carlos A. Baccelli – [38] Irmão José;
- *Senhor e mestre*, Carlos A. Baccelli – Irmão José;
- *Gotas de esperança*, Lourival Lopes;
- *Minutos de sabedoria*, Carlos Torres Pastorino;[39]
- *Caminho, verdade e vida*, Francisco Cândido Xavier;
- *A prece segundo o Evangelho*, Allan Kardec;

- *O livro dos espíritos*, Allan Kardec; e
- *O Evangelho segundo o espiritismo*, Allan Kardec.

Uma garrafa de água aberta fica ao lado da mesa para que seja "fluidificada" ao longo da noite e distribuída a todos os participantes no momento do encerramento dos trabalhos.

4.1.2 A prece inicial

Depois de todos acomodados ao redor da mesa, no início dos trabalhos, as luzes são diminuídas, é colocada uma música de fundo e todos fecham os olhos, concentrados nas palavras da prece de abertura da noite. Geralmente, a mesma pessoa que conduz os trabalhos fala algumas palavras, que são modificadas a cada reunião, mas podem ser exemplificadas a seguir. Em primeiro lugar, um agradecimento a Deus, que é "infinitamente bondoso", cheio de "amor e glória". A prece dá início aos trabalhos do Evangelho da noite e também permite aos presentes aprender mais sobre a espiritualidade. Juntamente, há um pedido de energia, purificação e proteção a todos os membros ali presentes, encarnados e desencarnados. Em algumas situações, a depender das ocorrências durante a semana anterior, há algum pedido específico – como proteção no mundo violento, proteção e acalento a alguma determinada família que tenha perdido um ente querido, e situações diversas. Se houve algum desastre natural (enchente, *tsunami*) ou alguma tragédia (chacina, acidente) nos quais algumas pessoas tenham perdido a vida coletivamente, o fato é ressaltado e se pede para que tenham feito ou façam sua "travessia" em paz e para que estejam sendo tratadas e medicadas no plano espiritual etc. É realmente um momento de prece e grande concentração, com todos os participantes de olhos cerrados e muito absortos nas palavras ditas.

Ao final da prece é solicitado que todos comecem o trabalho bem, "envoltos em uma aura de luz e paz", e que também mentalizem determinada cor para energia e paz no local da reunião. Sempre há um pedido, no momento dessa fala, para que o doutor Bezerra de Menezes (citado no capítulo "Espiritismo") possa proteger e interceder naqueles casos que necessitam de alguma ajuda relativa à saúde. A última expressão dita é, frequentemente, "que assim seja". Tal discurso inicial, como dito, pode variar de semana em semana, mas as palavras de encorajamento, os pedidos de proteção e o agradecimento estão sempre presentes.

4.1.3 As leituras e as lições

Encerrado esse momento inicial de fala, as luzes voltam a ser acesas para que se iniciem as discussões, as chamadas "lições da noite". Nesta primeira residência estudada, as discussões acontecem quase sempre com três leituras distintas, com os mesmos livros, mas abertos ao acaso, sem nenhuma ordem específica predeterminada. Em primeiro lugar, é aberto aleatoriamente o livro *Vigiai e orai* depois da concentração de um dos participantes. A seguir, alguns exemplos retirados da obra:

> No aprendizado da caridade
> A prática da caridade sempre te ensejará as melhores lições. Fornecerá material para as tuas reflexões em torno das bênçãos que normalmente ignoras em tua vida. Possibilitar-te-á enxergar o que não vês nos privilégios que desfrutas. Abrandar-te-á o espírito de insatisfação, mostrando que em tua carência ainda existe excesso. Que dispões em ti mesmo de infinitos recursos que simplesmente desconsideras. Que a tua capacidade de ser útil é tão ampla quanto te parece ser a necessidade dos semelhantes. A vivência na caridade te propiciará o amadurecimento espiritual de que só ela é capaz. Colocará silêncio nos teus lábios, discernimento em teus ouvidos e alegrias em tuas mãos.
> (Baccelli, 2000, p. 117-8)

E,

Criar oportunidades
Esquematiza as tuas prioridades e não deixes para depois as coisas essenciais. Não absorvas todo o tempo com questões sem relevância para a tua felicidade. Coisas e objetos não são mais importantes que pessoas. Problemas materiais que representam mais ou menos dinheiro para o teu bolso podem ser adiados. Nada mais importante que o investimento da paz. Sacrifica os teus interesses imediatos ao que te proporcionará alegria duradoura. Os que te amam carecem mais de tua presença do que do teu talão de cheques. As tuas dádivas amoedadas nunca te substituirão no carinho que deves aos teus! Aprende a criar oportunidades de estar com os que te alimentam o espírito e se constituem no teu ponto de referência moral na vida. (p. 127-8)

E mais um exemplo:

Leviandade afetiva
Não exerças domínio psicológico sobre ninguém. Nem submetas quem quer que seja aos teus caprichos. A escravidão afetiva é um dos piores males que o homem pode causar ao semelhante. Quem verdadeiramente ama trabalha pela independência da pessoa amada. A leviandade com o sentimento daqueles que se te rendem às promessas não passa desapercebida da Lei. O que fizeres aos outros, na mesma proporção, haverá de ser feito a ti. O que hoje desdenhas amanhã suplicará. Trabalha pelo crescimento dos que Deus te confiou à guarda e te farás admirado por eles. Não os mantenha a mercê da tua vontade opressora como quem sempre os deseja em condição subalterna. (p. 203-4)

Dependendo do trecho lido, alguns participantes se sentem à vontade para dar opiniões e exemplos pessoais, enquanto outros preferem ouvir somente.

Em um segundo momento, ainda na parte das leituras, outra pessoa faz o mesmo ritual de concentração e abre ao acaso o livro *Gotas de esperança*. Alguns exemplos a seguir:

Ninguém é tão perfeito que não precise de ninguém para auxiliá-lo a progredir. Ninguém é tão imperfeito que não possa ajudar alguém a progredir. Transforme o seu trabalho diário, sem vacilações, no instrumento da perfeição que busca. Principalmente, faça dele um meio para ajudar os outros. Quanto mais você trabalha para os outros, mais está agindo para o seu próprio bem. Acostume-se a ter fé e amor. Sentindo em você um aliado, no auxílio dos outros, Deus multiplicar-lhe-á as bênçãos e você não apenas crescerá, mas sobretudo, será feliz, muito feliz. (Lopes, 2006, p. 88)

E

Não se revolte contra as intempéries. Toda a natureza está sujeita a Deus. O frio, a chuva, o vento, o sol quente existem para o seu benefício. Suas variações visam o equilíbrio da vida. Sem elas, talvez você não pudesse sobreviver. O ar que você respira, a água que o serve, o alimento que o sustenta demandam condições apropriadas. Deus regula tudo. Agradeça. Veja o amor de Deus nos fenômenos climáticos, mesmo com sacrifício e morte. Ver Deus nas variações da natureza é um ato de fé. (p. 118).

E mais um exemplo:

Há os que ferem, sem motivo. Mas, estão doentes... Perdoe. O nervosismo e a afronta são claros sinais de descontrole. E descontrole é doença. Não revide. Seja senhor de si. Domine as emoções. Ame e esqueça. O "agressor" é seu irmão. É um filho de Deus, tal como você. Relevando a falta dele, você foge à sintonia com ódio. Nada sofre. É o mais valioso o amor que exige esforço. (p. 240)

Sobre os trechos anteriormente mencionados, é possível refletir sobre por que livros que não são considerados espíritas – ou melhor, não são os da doutrina espírita decodificados por Kardec – são estudados em um "Evangelho no lar". Uma das razões é que temas mais universais são discutidos para não se entrar na profundidade da discussão religiosa em si, que iria requerer mais tempo e mais estudo. Uma outra questão é que, por vezes, há de se ter cuidado com a mistura que pode ser feita entre obras espíritas e obras do gênero de autoajuda. Para alguns, a linha que separa tais obras é muito tênue. Como o espiritismo prega a elevação por meio de ações e uma recompensa posterior às boas ações realizadas no plano terrestre, é possível que textos de autoajuda sejam usados para a discussão dessas mesmas temáticas, quando a casa espírita permite. Também depois dos trechos há discussões e exemplos pessoais voltados ao tema estudado.

Como última leitura antes do momento das incorporações, a dona da casa pergunta a todos quem gostaria de abrir o *Evangelho*, e este é aberto também ao acaso. Em algumas raras vezes ao longo do tempo observado, houve a leitura do *Livro dos espíritos* e, também, em outras ocasiões, de algum trecho de fonte diversa (desde textos que circulam na internet até textos gerais sobre espiritismo e judaísmo). A ideia da discussão da importância de valores universais é bastante ressaltada. Alguns textos da doutrina Seicho-No-Ie foram lidos em algumas ocasiões.

Entre os chamados temas universais, os que mais são discutidos ao longo das reuniões semanais são: orgulho, amizade, cobiça, inveja, caridade, humildade, pensamento positivo, perdão, egoísmo, poder da prece e do silêncio, resolução de conflitos e esperança. Tais discussões, às vezes, mantêm-se num plano interessante, com razoável aprofundamento, e algumas vezes, o que é muito comum também, misturam-se a alguns acontecimentos pessoais vividos pelos presentes. No momento da reunião, todos se sentem muito à vontade para comentar o que acontece na vida pessoal em relação ao tema discutido.

Em vários dos momentos das discussões, temas ligados ao judaísmo são trazidos à mesa. Um dos principais é quando se fala da ideia de caridade, sendo esta algo essencial dentro da religião judaica, estando entre os 613 mandamentos (*mitzvot*).[40] Nessas ocasiões, já foi ouvido, mais de uma vez, que há uma forte ligação entre o espiritismo e o judaísmo, e que, se pensarmos bem, as duas religiões "professam a mesma coisa, como o amor etc.", fato não discutido com profundidade nas ocasiões observadas. Em outro momento, quando um relato sobre esperança foi lido, houve uma discussão sobre a importância de se ter esperança, basicamente professada no judaísmo contemporâneo pelo movimento Chabad, quando seu líder, Menachem Mendel Schneerson, dizia: "é proibido desistir da esperança". Tal fato foi discutido em comparação com o espiritismo, quando os médiuns falam da importância da esperança em Deus, em todos os momentos, em quaisquer circunstâncias. A seguir, um trecho de *O Evangelho segundo o espiritismo*.

MUITOS OS CHAMADOS, POUCOS OS ESCOLHIDOS
Parábola do festim das bodas
A porta estreita
Nem todos os que dizem: Senhor! Senhor! entrarão no reino dos céus
Muito se pedirá a quem muito recebeu

INSTRUÇÕES DOS ESPÍRITOS
Dar-se-á àquele que tem
Reconhece-se o cristão pelas suas obras
Parábola do festim das bodas

1) Falando ainda por parábolas, disse-lhes Jesus: O reino dos céus se assemelha a um rei que, querendo festejar o casamento de seu filho, enviou seus servos a chamar para as bodas os que tinham sido convidados; estes, porém, recusaram ir. O rei enviou outros servos com ordem de dizer da sua parte aos convidados: Preparei o meu jantar; mandei matar os meus bois e todos os meus cevados; tudo está pronto; vinde às bodas. Mas eles, sem darem importância a isso, lá se foram, um para a sua casa de campo, outro para o

seu negócio. Os outros pegaram os servos e os mataram, depois de lhes haverem feito muitos ultrajes. Sabendo disso, o rei se tomou de cólera e, mandando contra eles seus exércitos, exterminou os assassinos e lhes queimou a cidade.

Então, disse aos servos: O festim das bodas está inteiramente preparado; mas não eram dignos os que para eles foram chamados. Ide, pois, às encruzilhadas e chamai para as bodas todos quantos encontrardes. Os servos então saíram pelas ruas e trouxeram todos os que iam encontrando, bons e maus; a sala das bodas se encheu de pessoas que se puseram à mesa.

O rei entrou em seguida para ver os que estavam à mesa e, percebendo um homem que não vestia a túnica nupcial, disse-lhe: Meu amigo, como entraste aqui sem a túnica nupcial? O homem guardou silencio. Então, disse o rei à sua gente: Atai-lhes as mãos e os pés e lançai-o nas trevas exteriores: aí é que haverá pratos e ranger de dentes; porque *muitos são chamados, mas poucos são escolhidos* (S. Mateus, 22:1 a 14).

2. O incrédulo sorri desta parábola, que lhe parece de pueril ingenuidade, por não compreender que se possa opor tantas dificuldades para assistir a uma festa e, ainda menos, que os convidados levem a resistência a ponto de massacrarem os enviados do dono da casa. "As parábolas", diz o incrédulo, "são, sem dúvida, imagens, mas mesmo assim, não devem ultrapassar os limites do verossímil".

Pode-se dizer a mesma coisa de todas as alegorias, das mais engenhosas fábulas, se não forem despojadas de seus envoltórios, a fim de lhes buscar o sentido oculto. Jesus compunha as suas com os hábitos mais vulgares da vida e as adaptava aos costumes e ao caráter do povo a quem falava. A maioria delas tinha por objetivo fazer penetrar nas massas populares a ideia da vida espiritual: o sentido de muitas parábolas parece ininteligível apenas porque os seus intérpretes não se colocam sob esse ponto de vista.

Nesta parábola, Jesus compara o reino dos céus, onde tudo é alegria e felicidade, a uma festa de casamento. Pelos primeiros convidados,

Ele se refere aos hebreus, que foram os primeiros chamados por Deus ao conhecimento da sua lei. Os enviados do Senhor são os profetas que os vinham exortar a seguir o caminho da verdadeira felicidade: suas palavras, porém, quase não eram ouvidas; suas advertências eram desprezadas; muitos foram mesmo massacrados, como os servos da parábola. Os convidados que recusam o convite, sob o pretexto de terem de ir cuidar de seus campos e de seus negócios, simbolizam as pessoas mundanas que, absorvidas pelas coisas terrenas, se mantêm indiferentes às coisas celestiais.

Era crença comum entre os judeus daquela época que a nação deles devia conquistar a supremacia sobre todas as outras. Com efeito, Deus não havia prometido a Abraão que a sua posteridade cobriria a Terra inteira? Mas, como sempre, tomando a forma pelo fundo, eles acreditavam tratar-se de uma dominação efetiva e material.

Antes da vinda do Cristo, com exceção dos hebreus, todos os povos eram idólatras e politeístas. Se alguns homens superiores ao vulgo conceberam a ideia da unidade divina, essa ideia permaneceu no estado de sistema pessoal, não sendo aceita em parte alguma como verdade fundamental, a não ser por alguns iniciados que ocultavam seus conhecimentos sob um véu misterioso, impenetrável às massas. Os hebreus foram os primeiros a praticar publicamente o monoteísmo; é a eles que Deus transmite a sua lei, primeiramente por Moisés, depois por Jesus. Foi daquele pequenino foco que partiu a luz destinada a espalhar-se sobre o mundo inteiro, a triunfar do paganismo e a dar a Abraão uma posteridade *espiritual* "tão numerosa quanto as estrelas do firmamento". Mas os judeus, repelindo de todo a idolatria, haviam desprezado a lei moral, para se dedicarem à prática mais fácil de culto exterior. O mal chegara ao cúmulo: a nação, além de escravizada, estava dilacerada pelas facções e dividida pelas seitas; a própria incredulidade havia penetrado o santuário. Foi então que apareceu Jesus, enviado para chamá-los à observância da lei e para lhes rasgar os horizontes novos da vida futura. Dos *primeiros* a ser convidados para o grande banquete da fé universal, eles repeliram a palavra do Messias celeste e o mataram. Perderam assim o fruto que teriam colhido da iniciativa que lhes coubera.

Entretanto, seria injusto acusar-se o povo inteiro por tal estado de coisas. A responsabilidade cabia principalmente aos fariseus e saduceus, que sacrificaram a nação pelo orgulho e fanatismo de uns e pela incredulidade dos outros. São eles, pois sobretudo, que Jesus identifica nos convidados que se recusam a comparecer ao festim das bodas. Depois, acrescenta: "Vendo isso, o Senhor mandou convidar a todos os que fossem encontrados nas encruzilhadas, bons e maus". Queria dizer desse modo que a palavra ia ser pregada a todos os outros povos, pagãos e idólatras e estes, aceitando-a, seriam admitidos ao festim, em lugar dos primeiros convidados.

Mas não basta ser convidado; não basta dizer-se cristão, nem sentar-se à mesa para tomar parte no banquete celestial. É preciso, antes de tudo e sob condição expressa, estar revestido da túnica nupcial, isto é, ter pureza de coração e praticar a lei segundo o espírito. Ora, a lei está toda inteira nestas palavras: *Fora da caridade não há salvação*. Contudo, entre os que ouvem a palavra divina, quão poucos são os que a guardam e a aplicam proveitosamente! Quão poucos se ornam dignos de entrar no reino dos céus! É por isso que Jesus falou: *Muitos serão chamados: poucos, no entanto, serão escolhidos*. (Kardec, 2011, p. 353-7)

Depois da leitura de todos os trechos, há sempre falas pessoais conectando as passagens lidas com vivências e experiências pessoais. Tentando "encaixar" o trecho lido com algum acontecimento do dia a dia, os participantes colocam suas opiniões e reflexões, além de darem exemplos relacionados a familiares, amigos ou a eles mesmos. Trazer a leitura para o mundo real, para exemplos concretos, é feito comum observado nas reuniões. A discussão somente teórica não rende frutos nessas ocasiões. Com relação ao trecho mencionado, quando da discussão, pudemos observar a falta de explanações gerais ou debates sobre os fatos relatados. Somente houve um breve esclarecimento aos presentes dizendo que os judeus reconhecem a importância de Jesus como um profeta.

4.1.4 Os rituais de incorporação

Logo depois das leituras e das discussões, as luzes voltam a ser diminuídas, para que o ambiente fique mais confortável; a música ambiente continua em um volume baixo, porém audível. Os participantes permanecem com as mãos sobre a mesa, ou com as mãos sobre as pernas, com os olhos cerrados ou semicerrados. Alguns olham fixamente para a médium da casa esperando (provavelmente a notícia de alguém, algum recado ou simplesmente uma palavra de conforto) que ela incorpore alguma entidade. Nesta casa pesquisada, há uma série de entidades que vêm dar a sua "comunicação". A maioria delas é incorporada pela dona da residência, uma médium do sexo feminino. Faremos a seguir a descrição das entidades vistas ao longos dos anos de observação.

Vale ressaltar que todas mantêm as mesmas características todas as vezes que são incorporadas: falam sempre da mesma maneira (mesmas palavras, mesmas expressões, mesma forma de construir o raciocínio), têm o mesmo sotaque (podemos até identificar de qual região é, de qual parte do Brasil, por exemplo) e dizem que mantêm as mesmas características que tinham em vida (fato constatado por alguns que conheciam as entidades quando estas ainda não haviam desencarnado). Se eram pessoas mais bem-humoradas em vida, essas entidades permanecem fazendo piadas, brincadeiras e ironias. Se eram mais tímidas, ou se gostavam de passar lições, de ensinar, de contar histórias, também se expressam da mesma forma (fato explicado pelas entidades em si).

Para um maior detalhamento e favorecimento do objeto, elencamos individualmente as entidades observadas:

a) Senhor Jair
A médium da casa informou, em um dos encontros observados, que conheceu o senhor Jair quando este era vivo e quando ambos frequentavam

um centro no bairro do Bixiga, em São Paulo. Senhor Jair era o parceiro da pessoa que comandava o centro, chamada de Dona Dirce. É informado que o centro em questão era de umbanda, não um centro espírita kardecista. Ele demonstrava uma mediunidade muito aflorada quando em vida. Entende-se por "mediunidade muito aflorada" que a pessoa não tem controle sobre escutar vozes, ver espíritos, sentir a presença de outros etc. Senhor Jair é o mentor (ou podemos chamar de orientador e também guia) desta casa onde as pesquisas de campo foram realizadas. Seu sotaque é de uma pessoa de São Paulo, de descendência italiana, ele diz que tem esse "ancestral" do bairro do Bixiga. Ele conhece todas as pessoas que frequentam as reuniões, dá conselhos, chama as pessoas por apelidos carinhosos como "*Bela*, como você *tá?*" e é bastante informal e brincalhão, pois é presença frequente. Costuma dizer: "Prestem atenção no que o companheiro disse no começo da reunião", referindo-se à lição ou à discussão feita minutos antes. E faz piadas como: "Eu não tenho mais medo disso, eu *tô* morto". Disse que viveu há alguns anos e confirma que as características que a pessoa tinha em vida permanecem depois que ela desencarna.

O senhor Jair é incorporado em quase todas as sessões vistas. Os participantes ficam muito à vontade ao redor da mesa, tratam-no como se fosse um membro da família ou um velho amigo. Na maioria das vezes, além de dar conselhos gerais, ele sugere como as pessoas devem proceder em determinadas questões da vida. Por exemplo, um dos membros relata uma dificuldade que tem no trabalho com determinado colega e senhor Jair diz: "Faça a sua parte e deixe ele de lado". Um outro membro relata a doença grave de alguém próximo e senhor Jair aconselha: "Vamos rezar para que não sofra, para que a passagem dessa pessoa seja com luz e de forma tranquila". Em outra ocasião, é pedido que ele dê proteção a alguém que vai fazer uma viagem. Ele responde: "Que Deus o proteja, que ele vá na paz e que dê tudo certo". Algumas vezes as respostas são mais vagas, em outras, mais diretas.

Também há pedidos e conselhos em relação a saúde, exames que serão feitos, cirurgias que serão realizadas, sugestões de tratamento etc.

O senhor Jair fala e, frequentemente, a frase que geralmente é dita depois é: "Para Deus nada é impossível. Então, continue rezando, continue fazendo as suas preces, as suas orações". Em poucas ocasiões há falas mais concretas e diretas em relação a previsões (algo realmente mais raro de acontecer), como quando alguém trouxe à mesa uma informação contando sobre uma pessoa que estava muito doente, e o senhor Jair informou que a recuperação seria impossível (enfatizando, contudo, que para Deus nada é impossível) e que, nessa situação especial, aconteceria de uma forma mais trágica. E foi realmente o que aconteceu cerca de quatro dias depois da reunião – o falecimento da pessoa mencionada.

Senhor Jair pede as listas com os nomes escritos no começo da reunião, segura os papéis ou os deixa colocados sobre a mesa e passa o dedo para cima e para baixo, para cima e para baixo, pedindo proteção a todos aqueles lá colocados.

Senhor Jair encerra a sessão pedindo proteção a todos durante a semana e desejando uma semana de paz, saúde, felicidade, prosperidade e harmonia.

b) Fridinha

Outra entidade que frequentemente é incorporada é Fridinha. É ela, geralmente, quem encerra as sessões do "Evangelho no lar" nesta casa. Fala da mesma maneira, com uma voz baixa e muito calma, tentando transmitir paz para todos os presentes. Abre a sua fala dizendo: "Boa noite, pessoas, e encerrando os trabalhos desta noite" com as mãos juntas, como em oração, e a partir daí começam os agradecimentos pela noite. Geralmente, Fridinha pede paz e deseja coisas boas a todos os presentes para a semana que se inicia. Sempre cita: "Deus nosso Pai e Jesus nosso mestre". É normal que não haja interferência na sua fala pelos presentes. Em raras ocasiões lhe foi feito algum tipo de pedido específico, interrompendo seu monólogo. Ao fim, também encerra com "boa noite, pessoas". Nesse momento, todos sabem que o ritual de incorporação e a reunião como um todo estão caminhando para a finalização.

Fridinha é vista (pelos médiuns) e também se descreve como uma criança bem clara, loira e com os cabelos com marias-chiquinhas, talvez de descendência alemã, como descrita pela médium que a incorpora.

c) Maria
Maria não é uma entidade frequente, mas vem dar sua comunicação em diversos momentos. Ela fala como se a voz estivesse sendo cortada (como um telefone falhando, se assim é possível descrever). Por vezes, utiliza metáforas, fica se balançando para frente e para trás o tempo todo e passando as mãos uma na outra (esfregando como se estivesse com frio), movimentos que não interrompe nem quando está falando. Para ser incorporada, tanto no momento inicial como no momento final, ela recita as mesmas frases – falando "São Pedro, Santo Antônio e São João. São Pedro, Santo Antônio e São João" – repetindo o movimento com as mãos. Fala de uma maneira muito pausada e diz sempre que já morreu. Ao ser questionada sobre como era, responde "que foi uma menina e que era preta". Quando alguém questiona alguma coisa, ela faz essa mesma descrição. Os presentes perguntam por coisas específicas, pedem bênçãos, pedem proteção, e ela diz algumas palavras de conforto e outras como se estivesse "dando bronca", dependendo da situação colocada. Como exemplo, em uma das ocasiões, uma participante pediu proteção para algum assunto relativo ao trabalho. Maria disse que a pessoa "tinha que aprender" a se afastar. Uma das participantes traz com certa regularidade fitinhas coloridas para que Maria abençoe. As fitinhas são cortadas e todos que desejam as levam para casa. Maria explica onde deixar: na carteira, dentro do travesseiro, perto da cama etc. Essas fitas servem para dar proteção a quem precisa, como se fossem amuletos. Maria era figura bastante frequente (como espírito incorporado, não quando viva) no centro citado anteriormente, que a família da médium da casa frequentava.

d) Coceira
Nesta casa é incorporada uma criança comumente chamada de Coceira, porque fica coçando os braços o tempo todo. Diz a médium

que, provavelmente, quando viva, a criança deve ter tido algum problema de natureza alérgica. Uma entidade muito brincalhona, que fala que é criança e que lá em cima ele é sempre posto para trabalhar e que está sempre ajudando outras crianças e também velhinhos (uma vez disse que velhinhos também são crianças).

Também fala que quer comer doce, que tem vontade de comer doce, mas que às vezes não é permitido. Geralmente, próximo da festa de Cosme e Damião (no final de setembro), é feita uma mesa de doces e Coceira pode saborear o que está sobre a mesa.

De início, falou que tinha medo de vir sozinho. Este "vir sozinho", entende-se, seria medo de ser incorporado sem nenhuma outra criança sendo incorporada por outro médium. Nesse processo de "vir sozinho", ao longo dos meses e ao longo dos anos, Coceira explica: "Eu não tenho mais medo de ir e vir sozinho", "Já me deixam ir e vir sozinho". Ele fica fazendo bastante brincadeira em relação a isso, como uma criança que tem permissão para fazer algo no mundo dos adultos. Sempre cumprimenta: "Olá, está tudo bem com vocês?". E complementa: "Eu estou bem, muito obrigado", com um português de quem está no início da alfabetização.

e) Preto Velho

Uma entidade que nos últimos meses está bastante presente é o Preto Velho. A médium que incorpora o Preto Velho fica muito curvada ao falar, com uma voz muito baixa, praticamente um sussurro, que algumas pessoas não conseguem entender. Com frequência, uma pessoa ao lado vai tentando decodificar o que o Preto Velho tem a dizer.

Ele conta que não conheceu as letras, que nunca aprendeu a ler. E ali, na hora das bênçãos das pessoas, dos nomes que estão nas listas, pede para que alguém leia. E, às vezes, nesses momentos, pede um pito, um cigarro de palha (já sabendo disso, há sempre um maço de cigarros de palha ao lado da mesa dos trabalhos) que os membros acendem para que ele fume. Ele dá algumas baforadas em cima da lista à medida que os nomes vão sendo lidos, ao som de alguns ruídos aparentemente sem significado, algo como "ixi", como se dando um passe nos nomes lidos.

Também informa que em outra vida não conseguia falar, porque era um escravo e a sua língua foi cortada e, além disso, viveu há muitos e muitos anos. Também sempre coloca que está cansado, porque trabalha muito do "lado de lá". Quando alguém necessita de sua ajuda para algo específico (saúde de alguém da família, uma reunião importante, uma cirurgia que vai acontecer etc.), o Preto Velho diz para nunca se esquecer dele, para se lembrar da figura dele no momento em que é preciso, pois ele sempre ajuda.

Vale ressaltar que o Preto Velho é figura conhecida nos ambientes da umbanda, e não do espiritismo kardecista.

f) Francisquinho

Francisquinho é uma criança. Falava de forma monossilábica no início da pesquisa e, ao longo dos meses, parece que se desenvolveu e passou a falar como uma criança de poucos anos de idade. Essa entidade era incorporada por um médium do sexo masculino que não frequenta mais as reuniões e, em uma ocasião, foi incorporada por outro médium do sexo masculino. Mas ambos não foram mais ao "Evangelho no lar" no último ano de pesquisas, e Francisquinho não foi incorporado na etapa final deste trabalho de campo. Respondia às perguntas com "tô bem", "sim, vou lá brincar" etc., de forma monossilábica, como se estivesse envergonhado em falar com outras pessoas.

Aqui encerramos a lista de entidades que, com frequência, são incorporadas na casa 1. A seguir, abordaremos entidades que são incorporadas de forma esporádica, em um médium que frequenta os trabalhos não com frequência semanal, mas que valem a menção. São elas:

a) Um índio que não emite muitos sons, mas bate no peito com insistência e força, girando um dos braços para cima e pousando a mão acima de cada participante presente, dando o passe de um em um.

b) Uma pombagira, que foi incorporada poucas vezes, mas somente fez algumas danças, sem interferência pessoal. Vale ressaltar que tal entidade, assim como o Preto Velho, faz parte da umbanda, mas não causa constrangimento e nem questionamentos de nenhum participante da reunião.

c) Um rabino, que foi incorporado em uma ocasião pelo médium já mencionado e informou que era o "Rebe Yaakov". Falou uma ou outra palavra em hebraico enquanto dava bênçãos (como se fossem passes) aos presentes. Ao final, disse a palavra *shalom*, que quer dizer paz e é usada em cumprimentos gerais (como "olá" e "tchau").

Grande parte das entidades fala da importância de ler *O Evangelho segundo o espiritismo*, e quando alguém comenta sobre alguma situação específica que está passando, também é enfatizada a necessidade de deixar *o Evangelho* aberto em casa e lê-lo diariamente, às vezes com um copo de água ao lado.

Na maioria das reuniões, logo no início dos rituais de incorporações, alguns espíritos são incorporados e falam que estão ali porque tiveram autorização para "descer", para que eles mesmos chequem que existe essa comunicação, que é possível ver o mundo dos vivos. Espíritos às vezes falam seu nome, falam a razão por que morreram, falam como morreram, e também desconhecidos que dão recados. Muitos, durante os anos de pesquisa, mostram-se arrependidos de certas coisas que fizeram em vida e chegam a citar fatos, como tentativas de suicídio, crimes ou mesmo inimizades com familiares (como em uma tentativa de desabafo). No momento da incorporação, falam bastante, ficam alguns minutos contando casos, dizem sempre estar aprendendo para uma "próxima encarnação" e que se arrependem de vários fatos.

Alguns médiuns também psicografam cartas durante os rituais de incorporação. Embora isso não seja uma coisa comum, é algo possível de acontecer. Em um desses eventos presenciados, uma das cartas era direcionada a uma pessoa ali presente (tinha sido escrita por um parente próximo, uma tia ou uma irmã já falecida), e outra foi escrita por uma criança de nome Sérgio (cujo destinatário não foi identificado por nenhum dos presentes). A carta dizia: "Minha querida, quanta saudade que eu sinto de vocês. Eu fui muito cedo mas era minha hora. Mande beijos ao papai e pra Sandrinha. Fica bem. Beijos, Sérgio." E, ao final, desenhado, um rosto com um sorriso. A caligrafia visivelmente era de uma criança logo após a alfabetização. A médium que sedia as reuniões informa que a psicografia é relativamente comum nos trabalhos (vide capítulo anterior) e que, para ela, não é algo difícil de ser feito, mas mesmo assim não é realizado com muita frequência. Não sabe o porquê não ser um ritual mais usual dentro das reuniões.

Algo que vale a descrição, nesta casa estudada, é o fato de alguns parentes já falecidos serem incorporados para darem seu recado, sua comunicação, para aliviar o sofrimento do parente vivo, ou simplesmente para conversar com os presentes, oferecendo palavras de conforto.

Duas figuras importantes são a mãe e a tia da pessoa que sedia as reuniões. A mãe fala da mesma maneira como falava quando era viva (fato comprovado por várias pessoas dali), dá conselhos, às vezes pergunta para as pessoas sobre familiares que ainda estão aqui e conta como é a vida, o que foi, e sempre com alguma lição, falando da caridade, do amor ao próximo, da amizade, da importância da família etc. Como era uma pessoa muito bem-humorada e irônica em vida, continua sendo assim quando incorporada, fazendo piadas e tentando falar de forma leve e descontraída. As mesmas características são vistas na irmã, que aparece de maneira serena e conta como é a vida "no outro mundo", na "espiritualidade".

As entidades, como conhecem as pessoas ali presentes e sabem que a maioria é judia, fazem algumas ligações com o mundo judaico. Por exemplo, em uma determinada ocasião, uma entidade falou: "Ah, este mês é muito importante para vocês, nós sabemos". Era o mês do ano novo judaico (*Rosh Hashaná*) e na sequência o Dia do Perdão (*Yom Kipur*).

Há uma curiosidade dos frequentadores das reuniões em relação ao mundo dos espíritos. Assim, perguntas surgem: "O que vocês fazem?", "Qual é a rotina de vocês?" ou "Como é o trabalho?", "Como é o descanso?". Desse modo, o senhor Jair ou outra entidade em questão que esteja presente responde que se estuda, que as pessoas, quando morrem, ficam descansando em um hospital e recebem água fluidificada, pois este é o remédio. Fala que trabalham. Este "trabalhar" entende-se como estudos ou ajuda aos outros "irmãos do plano espiritual". É informado também que os locais são muito bonitos (como jardins cobertos de verde) e os animais vivem soltos.

Além disso, há as perguntas sobre os parentes já desencarnados. Questionamentos como: "Como é que está minha avó?", "Será que minha tia já sabe que faleceu?", "Meu avô já reencarnou?", "Meu tio já encontrou com outros irmãos?". As respostas variam sempre: "Está bem", "Está descansando", "Está trabalhando", "Está vendo você", "Ainda não pode se comunicar", ou "Já encarnou". Existe sempre um retorno, a pessoa fala o nome completo do parente morto, do parente desencarnado, e há uma resposta sobre como está essa pessoa.

Outros espíritos, ao serem incorporados, ficam olhando atentamente ou sorriem, mas não se comunicam. Por vezes dão um sorriso, outras vezes olham para alguém fixamente, ou em outras ocasiões ficam só observando silenciosamente todos ao redor da mesa. Depois de encerrada a reunião, quando se pergunta o que aconteceu, é explicado que alguns têm a permissão de vir e observar – como se fosse para provar que existe a comunicação do mundo dos vivos com o mundo dos mortos –, mas que ainda não tinham obtido a permissão para a comunicação.

Uma outra característica desta casa são os rituais de cura no momento das incorporações. Em algumas ocasiões, há a chamada "noite de cura", na qual alguma entidade (geralmente algum índio, como mencionado anteriormente, ou alguma outra entidade cuja identidade não é possível de ser definida) levanta da cadeira e passa por trás de um por um, por todos os membros ali presentes. Na maioria das vezes, a pessoa fica em pé e de costas para a médium que está dando o passe. Esse passe consiste em uma passagem de mãos pelos ombros e pelas costas ou, com uma das mãos, faz um movimento de abaixar e levantar, como se estivesse jogando alguma coisa imaginária sobre a pessoa que está em pé. Ao final destas reuniões específicas (após as incorporações) há um esclarecimento dizendo que aquela noite foi somente uma noite de "cura".

Encerramos o relato da casa 1 com uma incorporação curiosa que se deu em uma das noites de trabalho. A médium se curvou sobre a mesa e, falando baixo, com timbre de voz e sotaque diferentes, começou a discursar. Disse que vivera havia muitos anos, que pregava algumas coisas importantes a seus discípulos e que, quando morreu, ninguém chorou, pois sabiam que o que havia morrido era somente o corpo, não a alma. Também sabia que estava se aproximando uma data de festa "para nós".[41] Continuou observando que as palavras têm poder e por vezes podem ser como facas, que ferem o outro ao serem ditas. Enfatizou a palavra "discípulos" algumas vezes também, dando a entender que tinha sido um líder espiritual em algum momento da história. Informou também que cada pessoa tem a sua verdade e que estava lá para falar da sua verdade, como falava na sua época. Ao final, quando se despedia, foi perguntado seu nome, e, sem titubear, respondeu: "Rebe Moishe, 1893, hassídico Lubavitch, da Romênia". A médium que transmitiu a mensagem do rabino informou que fazia muito tempo que não se sentia tomada por uma sensação de completa incorporação, sem interferência do ambiente externo, sem perturbação de fora, e que sim, é um sentimento que raras vezes acontece, pois às vezes ela se deixa abalar por algum ruído ou distração.

4.1.5 A conclusão dos trabalhos

Ao descrevermos a entidade "Fridinha" ao longo do item anterior, foi dito que ela é a entidade responsável por "encerrar os trabalhos". Logo após a sua fala, as luzes são acesas e a água fluidificada é distribuída a todos e tomada. Em algumas ocasiões, a discussão é retomada. Às vezes, é pedido à médium que incorporou as entidades que explique alguma coisa que não ficou esclarecida ou que conte quem eram os espíritos que compareceram mas não foram identificados.

Depois de todo o detalhamento destes momentos de "Evangelho no lar" nesta residência judaica, seguimos para o relatório de observação da casa 2.

4.2 Relatório de observação – "Evangelho no lar" – casa 2

São observadas várias semelhanças em torno das duas casas estudadas. Percebemos a seriedade e a observância em torno da organização do ritual e da respeitabilidade em relação ao trabalho. Nesta parte dois do capítulo, mostraremos o detalhamento desta segunda residência e objeto de pesquisa.

4.2.1 Da organização do espaço

Há também nesta residência um caderno sobre a mesa, com nomes de falecidos e também com nomes de pessoas que precisam de equilíbrio e passes constantes. Nele, há uma descrição pormenorizada do que se precisa. Exemplo: "João, meu sobrinho, que está passando por dificuldades financeiras" ou "Rachel, minha filha, está passando por problemas sérios no seu trabalho e precisa de proteção e aconselhamento".

Não há listas separadas nas quais nomes são escritos a cada semana, somente as informações que constam no caderno. Os livros também são em menor número. São eles:

- *O Evangelho segundo o espiritismo*, Allan Kardec;

- *O livro dos espíritos*, Allan Kardec;
- *O livro dos médiuns*, Allan Kardec; e
- *Missionários da luz*, Francisco Cândido Xavier pelo espírito André Luiz.

4.2.2 A prece inicial

A pessoa que abre e encerra todos os trabalhos da casa, fazendo as preces de abertura, ou "prédicas", fala algumas palavras, pedindo a todos proteção e agradecimento pela oportunidade de estarem juntos novamente. Na maioria das visitas feitas, há sete pessoas em volta da mesa, que participam das reuniões semanalmente e, na sua totalidade, são judeus. Os pais da dona da residência começaram a fazer o ritual de doutrinação espírita na década de 1950 e, depois de falecidos, o ritual passou a ser ali. Há a informação de que, desde o falecimento do marido da dona da casa, não houve um médium que tivesse tanta força quanto ele tinha. O falecido, em todas as sessões, incorporava um índio tido como o orientador e mentor dos trabalhos, conhecido como Tupaquara. Infelizmente, o início das pesquisas de campo se deu após o falecimento do marido.

As reuniões acontecem semanalmente e são divididas do seguinte modo: um dia para estudos e outro dia para trabalhos (mas em ambos há leitura). A diferença é que no dia de trabalhos há menos leitura e mais conversa com a entidade mentora da casa.

4.2.3 A leitura e as lições

Depois da prédica inicial, iniciam-se os estudos, de forma sistemática e mais aprofundada, dos três livros de Kardec e do livro de Chico Xavier. Os livros são lidos em ordem todas as semanas e é colocada a data do dia ao final de cada lição. Às vezes, determinado trecho é repetido para que se esclareça o tópico a ser discutido (por ter um alto nível de dificuldade, por exemplo). As questões são também bastante discutidas pelos membros ali presentes e, várias vezes, há uma reflexão entre o espiritismo e o judaísmo. Pudemos analisar que, em muitas ocasiões, há a ênfase no fato de que o espiritismo é uma doutrina e uma filosofia, e não substitui o judaísmo que existe em cada um dos membros, apenas o complementa. Em uma das sessões, um dos presentes disse que, depois de estudar o espiritismo, "o judaísmo se tornou mais significativo" para ele. Também é frequente, nesse momento da reunião, o esclarecimento de questões relativas a assuntos do dia a dia à luz do espiritismo. Assuntos como: caridade, confiança, indecisões perante diversos acontecimentos etc.

A seguir, alguns trechos de livros estudados à mesa. O primeiro deles, *Missionários da luz*, ditado pelo espírito André Luiz e psicografado por Chico Xavier, faz um resumo dos processos mediúnicos e também explica as providências na espiritualidade em vinte tópicos (no formato de história):

1) O psicógrafo
2) A epífise
3) Desenvolvimento mediúnico
4) Vampirismo
5) Influenciação
6) A oração
7) Socorro espiritual
8) No plano dos sonhos
9) Mediunidade e fenômeno
10) Materialização
11) Intercessão
12) Preparação de experiências
13) Reencarnação
14) Proteção
15) Fracasso
16) Incorporação
17) Doutrinação

18) Obsessão
19) Passes
20) Adeus

Trechos longos são lidos e estudados a cada reunião. Como exemplo:

Item 19

Passes

Em todas as reuniões do grupo, junto ao qual funciona Alexandre com atribuições de orientador, vários são os serviços que se desdobram sob a responsabilidade dos companheiros desencarnados. Nem sempre me foi possível estudá-los separadamente; todavia, respeito a alguns deles, não me furtei ao desejo forte de receber elucidações do respeitável instrutor. Um desses serviços era o de passes magnéticos, ministrados aos frequentadores da casa.

O trabalho era atendido por seis entidades, envoltas em túnicas muito alvas, como enfermeiros vigilantes. Falavam raramente e operavam com intensidade. Todas as pessoas, vindas ao recinto, recebiam-lhes o toque salutar e, depois de atenderem aos encarnados, ministravam socorro eficiente às entidades infelizes do nosso plano, principalmente as que se constituíam em séquito familiar dos nossos amigos da Crosta.

Indagando de Alexandre, relativamente àquela secção de atividade espiritual, indicando-lhe os companheiros, em esforço silencioso, esclareceu o mentor, com a bondade de sempre:

– Aqueles nossos amigos são técnicos em auxílio magnético que comparecem aqui para a dispensação de passes de socorro. Trata-se dum departamento delicado de nossas tarefas, que exige muito critério e responsabilidade.

– Esses trabalhadores – interroguei – apresentam requisitos especiais?

– Sim – explicou o mentor amigo –, na execução da tarefa que lhes está subordinada, não basta a boa vontade, como acontece em outros setores de nossa atuação. Precisam revelar determinadas qualidades de ordem superior e certos conhecimentos especializados. O servidor do bem, mesmo desencarnado, não pode satisfazer em semelhante serviço, se ainda não conseguiu manter um padrão superior de elevação mental contínua, condição indispensável à exteriorização das faculdades radiantes. O missionário do auxílio magnético, na Crosta ou aqui em nossa esfera, necessita ter grande domínio sobre si mesmo, espontâneo equilíbrio de sentimentos, acendrado amor aos semelhantes, alta compreensão da vida, fé vigorosa e profunda confiança no Poder Divino. Cumpre-me acentuar, todavia, que semelhantes requisitos, em nosso plano, constituem exigências a que não se pode fugir, quando, na esfera carnal, a boa vontade sincera, em muitos casos, pode suprir essa ou aquela deficiência, o que se justifica, em virtude da assistência prestada pelos benfeitos de nossos círculos de ação ao servidor humano, ainda incompleto no terrenos das qualidades indesejáveis.

Ouvindo as considerações do orientador, lembrei-me de que, de fato, vez por outra, viam-se nas reuniões costumeiras do grupo os médiuns passistas, em serviço, acompanhados de perto pelas entidades referidas. Vali-me, então do ensejo para intensificar meu aprendizado.

— Os amigos encarnados — perguntei — de modo geral, poderiam colaborar em semelhantes atividades de auxílio magnético?

— Todos com maior ou menor intensidade, poderão prestar concurso fraterno, nesse sentido — respondeu o orientador —, porquanto, revelada a disposição fiel de cooperar a serviço do próximo, por esse ou aquele trabalhador, as autoridades de nosso meio designam entidades sábias e benevolentes que orientam, indiretamente, o neófito, utilizando-lhe a boa vontade e enriquecendo-lhe o próprio valor. São muito raros, porém, os companheiros que demonstram a vocação de servir espontaneamente. Muitos, não obstante bondosos e sinceros nas suas convicções, aguardam a mediunidades curadora, como se ela fosse um acontecimento miraculoso em suas vidas e não um serviço do bem, que pede do candidato o esforço laborioso do começo. Claro que, referindo-nos aos irmãos encarnados, não podemos exigir a cooperação de ninguém no setor de

nossos trabalhos normais; entretanto, se algum deles vem ao nosso encontro, solicitando admissão às tarefas de auxílio, logicamente receberá nossa melhor orientação, no campo da espiritualidade.
— Ainda mesmo que o operário humano revele valores muito reduzidos, pode ser mobilizado? — Interroguei, curioso.
— Perfeitamente — aduziu Alexandre, atencioso. — Desde que o interesse dele nas aquisições sagradas do bem seja mantido acima de qualquer preocupação transitória, deve esperar incessante progresso das faculdades radiantes, não só pelo próprio esforço, senão também pelo concurso de Mais Alto, do que se faz merecedor. (Xavier, 1945, p. 320-2)

Ao final das leituras, há sempre discussões sobre o que foi lido. Algumas vezes, dependendo do trecho, há uma explicação necessária, já que o vocabulário utilizado não é mais usual. Nota-se, nesta segunda residência, uma discussão mais em torno do movimento espírita em si, das lições lidas, e nem tanto uma reflexão acerca da vida dos participantes, como foi observado comumente no relato anterior. Como o livro citado tem personagens, como se fosse um romance, por vezes a história é retomada aos presentes.

As discussões também se concentram somente nos livros de Kardec e Chico Xavier, e somente em momentos muito infrequentes são lidos trechos de outras obras e outros autores.

4.2.4 Os rituais de incorporação

Os rituais de incorporação observados nessa casa não são tão similares aos observados na casa anterior. Em primeiro lugar, todas as luzes são apagadas, permanecendo todos totalmente no breu, este quebrado por algumas luzes vindas da janela que dá para a rua. Não há música ambiente nem nenhum outro tipo de interferência sonora. A mesma pessoa que fez a prédica inicial solicita permissão aos espíritos para que estes venham dar a sua comunicação. Agradece ao "Pai" pela oportunidade de estarem juntos ali e, conforme o dia, as palavras são mudadas. Mas todas elas dizem respeito a agradecimentos por estarem ali, pela certeza da comunicação e pela graça da reunião. A seguir, todos, de mãos dadas, fazem a prece do Pai Nosso, com certa modificação: "Pai nosso que estais no céu, santo seja o seu nome, venha a nós o vosso reino, seja feita a vossa vontade, assim na terra como no céu. O pão nosso de cada dia, Pai, nos dai hoje e sempre. Perdoai-nos as nossas dívidas, as nossas dúvidas e as nossas ofensas. Não nos deixeis cair em tentação, mas livrai-nos de todo o mal. Que assim seja".

Logo após a prece, é esperada a chegada do mentor (orientador ou guia) da casa. É ele:

a) Nhô Pedro

Nhô Pedro é incorporado por uma médium do sexo feminino durante todas as sessões visitadas. Fala com sotaque caipira e diz que todos são "fiarada".

Este, no momento da incorporação, surge sempre da mesma maneira: a médium dá um longo suspiro, como se fosse um susto, para trás da cadeira, e fala as seguintes palavras de forma bem rápida: "Que a paz e o amor, irmanados na prática da caridade, sejam sempre a chave para abrir vossos corações". Logo após essa fala, ele pergunta se todos estão "com a cabeça entre os *ouvido* e os *calcanhar* para trás". E quando os membros o recebem com "Olá, boa noite, Nhô Pedro", responde com "Boa noite, *fiarada*".

Costuma conversar com todos, um por um, se levanta e vai perguntando da vida, dos problemas e, ao final, fala: "ainda tem *perguntação* para fazer pro Nhô Pedro?". As perguntas são relacionadas a problemas de saúde dos parentes, questões financeiras e questões variadas de ordem pessoal relacionadas aos presentes. Nhô Pedro frequentemente pede para que tais pessoas coloquem flores brancas nas casas para que ele e outros amigos da espiritualidade possam "entrar e ajudar" sempre que necessário. Também pede, dependendo da situação, para que a pessoa deixe um copo de água embaixo da cama e também acenda velas.

Nhô Pedro também dá passes individuais em todos os presentes, passando as mãos pelos ombros e pelas costas ao mesmo tempo que conversa com cada um.

Na despedida, diz para todos irem para as suas casas felizes, para que todos tenham uma semana boa, e comenta que seria interessante se todos vissem como entraram e como estão saindo. Que é como se uma carcaça tivesse sido tirada das costas de cada um, deixando todos mais leves. E finaliza informando que tudo que era para ser feito, foi feito (como se fosse uma limpeza espiritual), que antes o local era mais escuro e dali em diante estava muito mais claro. Deseja uma ótima semana a todos, com muita saúde.

Além dessa incorporação, uma das pessoas participantes diz ouvir/sentir a presença de determinados espíritos/entidades e, conforme solicitado, dá os recados e informa o que ouviu. Em várias ocasiões é descrito o ambiente. Em uma delas foi informado que havia muitas pessoas de branco por toda a casa, como se houvesse uma procissão, e que depois do trabalho de Nhô Pedro e da discussão das lições, parecia que todos estavam muito felizes. Em outra ocasião, próxima à celebração do Dia das Mães, a orientadora da casa informou que via muitas mães, avós e tias desencarnadas ali presentes, citou nomes e descreveu o que observava. Neste mesmo dia, dirigiu-se a uma participante do local descrevendo a mãe da pessoa, já falecida. Informou que a mãe a olhava com olhar carinhoso e que a filha hoje era uma mãe muito melhor do que esta havia sido em vida. A participante ficou muito emocionada e disse que, desde que a mãe falecera, havia mais de 30 anos, não havia recebido nenhuma notícia. Esta era a primeira vez que a mãe transmitia o seu recado.

4.2.5 A conclusão dos trabalhos

Ao final do estudo e das incorporações, um dos membros sempre traz algum outro tipo de texto curto ou mensagem final, para ser lida antes do encerramento. Estes materiais são textos escritos pelos fundadores do Kabbalah Centre – a família Berg. Depois da leitura, há uma pequena discussão sobre o assunto, quando há interesse dos participantes. Logo depois, o "Pai Nosso" é rezado (novamente) por todos que estão ao redor da mesa, ou falado por uma pessoa enquanto todos estão de mãos dadas, com os olhos fechados, acompanhando a prece. Como de costume, há também a garrafa de água e todos bebem um copo ao final. Em várias reuniões, assistidas ao longo dos anos, todos erguiam o copo com a água fluidificada e brindavam com a expressão *L'chaim*, que quer dizer "saúde". Tal expressão aparece falada pelo Rabi Akiva (é descrita no *Talmud*) e também em outros momentos da história judaica. É a mais famosa expressão de brinde e também um desejo para que possamos sempre brindar em ocasiões festivas e celebrar a vida.[42] Além da "comemoração" do fim da reunião da noite, às vezes é feita uma saudação a alguma festa judaica, como na época da Páscoa, na qual a saudação foi *Chag Sameach*: que se tenha uma festa feliz.

Findos os relatos sobre as pesquisas de campo, é importante notar a presença mais do que concreta do espiritismo nos lares judaicos. Não somente dos estudos kardecistas, mas de incorporações do espiritismo e também de outras linhas espirituais (como o Preto Velho na umbanda, a pombagira etc., citados ao longo deste capítulo), consideradas por todos os membros vistos no relato de campo como "espiritismo, mas de outra linha, não kardecista". A umbanda está presente também, com forte influência.

As considerações finais acerca das pesquisas de campo, assim como as reflexões sobre a hipótese do trabalho e sua confirmação, serão feitas a seguir.

CONSIDERAÇÕES FINAIS

> *O judaísmo não é uma teoria, uma terra de ninguém. Ele não pode ser entendido por meio de um telescópio. A única maneira de entender o judaísmo é através do envolvimento e do engajamento intelectual.*
> ABRAHAM JOSHUA HESCHEL

A ideia do percurso deste livro ao longo da introdução e dos quatro capítulos, culminando nesta última parte, contou com:

a) Justificativas, explicações metodológicas e considerações gerais do que se pretendia fazer ao longo de todas páginas, tendo em mente a necessidade de pensarmos no judaísmo contemporâneo e no judaísmo brasileiro ao longo do desenvolvimento dos capítulos.

b) Diversas definições e indefinições acerca do judaísmo. O judaísmo como uma religião, como uma identidade que une um grupo de pessoas, como uma nação que sobrevive por inúmeras razões e apesar de outras, como um traço cultural, como várias comunidades que se expressam por meio de diferentes formas e características.

c) Explicações místicas em um período pré-hassídico, pré-século XVIII. Misticismo que era presente e se encontra nos dias de hoje alterado ou com dinâmicas diferentes, tendo como comparação o que era nos tempos do Mestre do Bom Nome, Baal Shem Tov. Esse misticismo, ao mesmo tempo, recaracterizou-se e criou um movimento único na história do judaísmo, com o maior número de adeptos já visto e cujo líder tornou-se um ícone dentro do mundo contemporâneo, sendo considerado por alguns um milagreiro, um homem acima do bem e do mal e até, como dizem alguns, o Messias que virá redimir todo um povo. Também foi mostrado como Menachem Mendel se tornou um legitimador de práticas ditas "mediúnicas" para uma grande parte de judeus que sentiam (e sentem) a necessidade de um contato com o além, com o mistério, com o mágico, que necessitam de concretude em momentos diversos da vida.

d) Reflexões acerca do movimento espírita e de como o judaísmo foi envolvido e influenciado por ele na contemporaneidade. A razão pela qual as ideias de Allan Kardec fazem sentido para uma parcela da comunidade judaica foram expostas. Como o líder espírita brasileiro Chico Xavier é figura essencial para entendermos algumas questões relacionadas ao judaísmo na metade final do século XX e neste início de século XXI, além de sua força espiritual mediúnica e psicográfica, especialmente com relação a uma família judia específica.

e) Casas ao mesmo tempo judaicas e espíritas mostram que uma nova forma de ver o judaísmo se aclimata, especialmente na metrópole paulistana, de forma organizada, sincrética e aprofundada.

Há algumas considerações e conclusões a serem feitas nesta parte final do livro. Mas talvez a mais importante delas seja que, sim, a hipótese da existência de um judaísmo espírita em São Paulo foi provada. Vem se concretizando não só um judaísmo kardecista, mas também "um *continuum* mediúnico que se constitui pelo espiritismo kardecista e pela umbanda, unificados, aos olhos dos fiéis, em inúmeras fórmulas combinatórias" (Camargo, 1961, p. 3). Utilizamos as ideias de Cândido Procópio Ferreira de Camargo aqui, dentre outras desenvolvidas ao longo da tese, para confirmar a hipótese. Além disso, há o seu *"continuum* mediúnico" explicitado em São Paulo, "na perspectiva subjetiva dos fieis e na perspectiva objetiva das estruturas religiosas, cujos casos concretos formam um 'gradiente' entre os dois extremos do '*continuum*'" (p. 14). Esse *continuum* é o modo de as pessoas viverem a sua religião, no caso deste trabalho, os judeus vivendo a sua religião dentro deste *continuum* mediúnico que passa pelo espiritismo kardecista e pela umbanda. Vale lembrar que a umbanda representa, na sua essência, um sincretismo que recebe influências do próprio espiritismo, além do catolicismo, de religiões de origem africana e de religiões indígenas.

Dentro dessa mesma ideia de sincretismo e *continuum* mediúnico, Lísias Negrão reflete sobre uma fala de Guimarães Rosa no livro *Grande Sertão: Veredas*. Em uma das cenas, Riobaldo, personagem principal da obra, afirma que se aproveita de todas as religiões e que bebe água de todos os rios, que uma religião somente é pouco demais. Negrão (2008, p. 35) coloca que:

> [...] tais comportamentos inserem-se fundo na cultura religiosa brasileira, como produto de sua formação histórica, e que sua persistência não apenas se renova, através de formas emergentes, mas também se amplia nesses tempos pós-modernos em que se acentua o caráter subjetivo da experiência religiosa e agrava-se a crise das instituições tradicionais produtoras de sentido.

Certamente, Negrão e Camargo não estavam se referindo a um judaísmo múltiplo ao refletirem sobre essas questões na realidade brasileira, mas aproveitamos aqui para entrar em outra questão de fundamental importância nas reflexões finais deste trabalho: a não existência de trabalhos e pesquisas relativos ao assunto do judaísmo plural no Brasil no século XXI.

Voltemos à introdução desta obra, quando mencionamos o ineditismo de nossa proposta e a importância de estudarmos o judaísmo dentro da metrópole paulista, fato que dá um sentido único e motivador para novas experiências e estudos. A importância cultural da cidade de São Paulo está implícita nas explicações aqui relatadas. Estudar o judaísmo no Brasil é proposta de imenso escopo e talvez muito difícil de se alcançar em um só trabalho.

As características concretas de nosso objeto existem, pois estamos em um terreno único e sincrético, o Brasil. Não seria possível encontrá-las em outro lugar. Ou melhor, não seriam e não são encontradas em outro lugar. Como explicado por Rodger Kamenetz (1994) em seu livro *The Jew in the Lotus*, o judaísmo americano tem o budismo ao seu lado e isso é característico do país. Aqui temos o espiritismo e a umbanda mais próximos do judeu laico residente na cidade de São Paulo.

A ideia do judeu hifenizado (judeu adjetivado) desenvolvida no presente trabalho faz muito sentido nos dias de hoje. Talvez seja possível afirmar algo como: o "judeu" de hoje não mais se caracteriza de uma só maneira. Talvez seja visto como somente "judeu", mas a realidade abarca mais do que isso, é mais ampla. Nomenclaturas como judeu-brasileiro, judeu-ortodoxo, judeu-ateu e judeu-espírita talvez façam bastante sentido neste momento e sirvam como forma de autoesclarecimento e também de uma autopercepção para cada um, já que cada indivíduo entende o seu judaísmo de uma forma. Isso porque, ao longo das páginas do primeiro capítulo, vimos que não há definição única. Ressaltamos mais uma vez que cada judeu entende e "exerce" o seu judaísmo da forma mais conveniente e que lhe faz mais sentido mediante tantas possibilidades e realidades.

Os questionamentos a seguir são essenciais, com inúmeras possibilidades de resposta. Há a necessidade, clara e urgente, de discussões sobre o tema. O que significa ser judeu no século XXI? O que significa o judaísmo num país como o Brasil neste momento? O judeu-espírita do século XX e do século XXI é parte da construção da metrópole paulistana e permanecerá dessa maneira porque precisa de respostas (que só o judaísmo não mais fornece). E também porque sua vida, neste momento, necessita de uma concretude maior, de respostas que vêm de outro plano, de cartas psicografas e de conselhos que vêm do Rebe já falecido.

A conclusão final deste livro, além da confirmação da hipótese, é que estudos precisam ser feitos, discussões precisam continuar, uma vez que o judaísmo é envolto em perguntas eternamente e não podemos parar somente em momentos históricos de catástrofes e tragédias. Não podemos ficar estagnados em um número considerável de pesquisas acadêmicas em língua portuguesa que, em sua maioria, restringem-se à Inquisição ou ao Holocausto (embora a importância desses eventos jamais deva ser minimizada). Como é o judeu hoje? O que significa ser judeu em São Paulo hoje? Esta é a discussão que deve ser feita.

Há muitos pontos que este trabalho tangenciou e que mereceriam uma abordagem mais aprofundada em futuras pesquisas, tais como:

- a aproximação da umbanda com o judaísmo é algo bastante palpável, já que há fatos nítidos nas pesquisas de campo e nas conclusões que poderiam levar a outro campo de comparações (até mesmo a influência do candomblé no judaísmo brasileiro);
- um paralelo mais minucioso entre o Rebe de Lubavitch e Chico Xavier, já que foram encontrados traços e características comuns aos dois líderes;
- talvez uma pesquisa quantitativa e qualitativa pudesse ser feita com os judeus residentes em São Paulo (quiçá em comunidades pelo Brasil) sobre suas práticas e crenças, além das judaicas – quais rituais praticam, quais obras religiosas leem etc.;
- uma outra questão que poderá ser interessante é recuperar as incorporações existentes (brevemente relatadas no capítulo "Hassidismo e sua herança no século XXI") no pré-hassidismo e compará-las com o que foi visto na pesquisa de campo;
- uma análise dos judeus que têm participação ativa nos centros espíritas do estado de São Paulo.

Durante estes quatro anos de pesquisa, algumas informações foram obtidas, vários nomes foram citados, mas, devido ao necessário recorte metodológico, nos foi impossível perseguir tal seara.

Retornando a um ponto crucial da introdução, falamos da importância do livro *The Jew in the Lotus* na construção da análise do presente trabalho, tanto na construção como na motivação pessoal para pesquisar o tema aqui desenvolvido. O livro chega à conclusão do porquê de tantos judeus americanos se encontrarem no budismo. Um dos rabinos mais importantes no cenário judaico reformista americano no século XX, Zalman Schachter-Shalomi (falecido em 2014 e já apresentado na introdução), faz a seguinte constatação: trata-se do apelo do exótico.

A questão "mística" e "esotérica" do judaísmo hoje perdeu força. Assim, há mais judeus buscando mística em Dharamsala do que nas próprias sinagogas (cf. Kamenetz, 1994). Essa é a conclusão a que chegamos também fazendo um paralelo com o judaísmo americano, mas no contexto brasileiro – a mística, longínqua e desconhecida por um lado (mas permitida e legitimada, de certa maneira, pela corrente Chabad Lubavitch) é buscada fora do próprio judaísmo. No Brasil, é buscada no espiritismo. Como dito na introdução, é, sem dúvida, possível afirmar que os judeus aqui estudados têm "raízes judaicas e asas espíritas". Mesmo estes não conhecendo a possibilidade dessa metáfora, cremos que ela seja verdadeira e que haveria concordância com tal afirmação.

Voltamos ao autor Rodger Kamenetz para uma última citação aqui nas considerações finais: antes da visita propriamente dita a Dalai Lama, os membros da comitiva discutiam como deveriam se aproximar dele, como deveriam chamá-lo, qual o tipo de reza que deveriam fazer e mais outros questionamentos dessa natureza, já que era a primeira vez que um grupo de judeus iria ao seu encontro. Os judeus do grupo não eram homogêneos – havia um reformista, outro ortodoxo, outro ultraortodoxo, outro liberal, outro do meio acadêmico – e formavam uma comitiva bastante interessante e heterogênea, representando o judaísmo contemporâneo dos Estados Unidos (se refletirmos, talvez até de outros países também) de forma clara. Kamenetz (1994, p. 60-1), vendo a discussão acalorada porém sadia do grupo, faz a seguinte afirmação – aqui traduzida e adaptada: "Talvez este seja realmente o segredo da sobrevivência judaica: nós duraríamos para sempre porque não há tempo no universo para que nossas discussões acabem."

NOTAS

1. O símbolo חי é a soma das letras hebraicas que equivale ao número 18 e quer dizer vida. A palavra é *chai* (pronunciando-se "rai") e possui (sempre) conotações positivas e de boa sorte.
2. O Rabino Zalman não é o objeto deste livro, mas vale mencionar seu papel como figura essencial no diálogo inter-religioso e no ecumenismo nos Estados Unidos, bem como na introdução de meditação nas sinagogas. Também militou a favor da igualdade de gêneros. Acrescentou o sobrenome "Shalomi" ao seu próprio nome, palavra originária de "paz" – *shalom*. Schachter-Shalomi faleceu em 2014.
3. Neste trabalho, quando o Holocausto for citado, estaremos sempre nos referindo ao Holocausto nazista – a morte de cerca de 6 milhões de judeus na Segunda Guerra Mundial.
4. *Os judeus e as palavras* é um livro escrito em 2012 e traduzido para o português em 2015, no qual os escritores afirmam que a "genealogia nacional e cultural dos judeus sempre dependeu da transmissão intergeracional de conteúdo verbal. [...] mais efetivamente trata-se de textos" (Oz; Oz-Salzberger, 2015, p. 9). Além disso, ressaltam que "na tradição judaica todo leitor é um revisor de originais, todo aluno um crítico e todo escritor, inclusive o Autor do universo, incorre em grande número de questões" (p. 10).

5   Cerimônia religiosa na qual o menino de 13 anos se torna adulto e maduro perante sua comunidade e família, passando a ser responsável pelos seus atos, de acordo com a lei judaica. É quando este é chamado pela primeira vez à Torá, na sinagoga.

6   O autor faz uma brincadeira bastante comum de linguagem, um jogo de palavras, como é costume fazer na língua iídiche – algo como se estivesse caçoando da palavra ou do termo em si, dando menor importância a ele.

7   Podemos entender o termo *jewishness* como algo relativo à cultura judaica, algo com relação ao "ser judeu", mais do que judaísmo entendido como religião. *Jewish* quer dizer "judaico". *Jewishness* é um termo bastante usado na literatura contemporânea judaica, podendo ser traduzido em algo como "judaicidade". O termo foi traduzido para o inglês a partir da língua iídiche, com o original sendo: *Yiidishkeit* (*keit*, em alemão – iídiche é um dialeto do alemão – é equivalente ao sufixo "ade").

8   Em hebraico o termo é *Haskalá* e tem origem nas palavras intelecto e mente.

9   Mandamento. Dentro do judaísmo se refere aos 613 mandamentos contidos na Torá e que devem ser cumpridos por todos os judeus.

10 Intenção, direção interior.

11 Conjunto das leis judaicas (mandamentos, mais os textos rabínicos e o *Talmud*).

12 Texto bíblico a ser lido na Páscoa judaica.

13 *Klal Israel* é o "coletivo de Israel", o principal pilar do judaísmo. É possível usarmos *Klal Israel* para expressar a comunidade judaica como um todo.

14 *Purim* é uma festa judaica que comemora a salvação dos judeus na antiga região da Pérsia (e durante o Império Persa) quando Hamã tentou exterminá-los. A data é descrita no Livro de Esther e a comemoração é sempre com comidas, doces e fantasias.

15 *Ashkenaz*, na língua hebraica, quer dizer Alemanha. No entanto, o significado é mais abrangente, já que, depois da destruição do primeiro templo, os judeus que permaneceram ali foram levados para o exílio em algumas localidades da Europa. Aqueles que permaneceram

na França e na Alemanha ficaram conhecidos como os *ashkenazim*. Hoje podemos entender que são aqueles que nasceram em algum país do Leste Europeu, como Bielorrússia, Bulgária, Hungria, Polônia, Romênia, Rússia, Ucrânia etc. A língua falada era o iídiche e algumas práticas religiosas (tipos de alimentação em festas, por exemplo) podem ser diferentes das dos *sefaradim*, a serem explanados posteriormente.

16 Solidéu, pequeno barrete que os judeus ortodoxos usam para demonstrar temor e respeito a Deus.

17 Judeus sefaradim (ou *sefardim*) são aqueles que vieram da Península Ibérica (diferente dos *ashkenazim*, que vieram da Europa do Leste). Hoje o termo é mais amplo e também se refere aos que vieram da região do norte da África e de países árabes: Egito, Tunísia etc. Entre os idiomas falados pelos judeus *sefaradim*, estão o ladino, o árabe, o francês e até o catalão.

18 No judaísmo ortodoxo, ao casar, a mulher cobre a cabeça com algum tipo de adorno (chapéu etc.) ou, como é mais comum, usa peruca para que esteja "protegida" dos olhares dos outros, para que não chame a atenção, já que o cabelo pode ser considerado um objeto de desejo.

19 A narrativa da criança será colocada entre aspas.

20 A palavra cabala (que pode ser grafada de diversas maneiras em língua portuguesa) vem do verbo hebraico "receber".

21 O Kaballah Center (uma das razões da popularização da cabala) surgiu nos Estados Unidos, fundado em 1922 e popularizado pela família Berg nas últimas décadas. Ficou ainda mais conhecido pois vários de seus membros, que frequentavam seus cursos livres, eram artistas de renome internacional. Hoje o centro está presente em diversos países, incluindo Inglaterra, México, Itália, Dinamarca, Equador e Brasil.

22 Ma'aseh são livros escritos no alfabeto hebraico, mas na língua alemã, nos quais há histórias, lendas e contos sobre vários assuntos relacionados aos judeus e ao judaísmo. São originários do começo do século XV.

23 Uma espécie de seminário judaico onde os jovens (do sexo masculino) estudam.

24 Nessa obra, Samuel Heilman analisa os relatos escritos pelo cunhado do Baal Shem Tov, Gershon Kitover.

25 O *Talmud* é um dos textos centrais do judaísmo, um texto sagrado com as leis judaicas e as discussões rabínicas.

26 Grupo de textos do misticismo judaico, uma coleção de comentários sobre a Torá.

27 Rav é outra forma abreviada de Rabino.

28 *Sheliach* é um homem (geralmente) presente em várias entidades judaicas que tem como missão representar um determinado movimento e guiar novos membros, entre outras funções. Mais especificamente no movimento Chabad Lubavitch, ele leva as ideias e os conhecimentos para várias partes do mundo, fundando comunidades, organizando encontros, liderando atividades etc. Podemos fazer um paralelo com a ideia de "missionário".

29 *Mitzvot*, plural de *mitzvá*, equivale ao conjunto dos 613 mandamentos contidos na Torá.

30 Caixa tubular pequena (cerca de 7 a 10 centímetros) que deve ser fixada no batente direito de cada porta de todos os lares judaicos (e em todos os seus cômodos), na qual é contida a reza em um pergaminho que simboliza a união com Deus. Todos devem tocar a *mezuzah* (singular, *mezuzot* é o plural) e beijar os dedos ao entrar e sair dos locais.

31 *Tefilim* vem do hebraico e significa "rezas". São as pequenas caixas com quatro trechos da Torá e tiras de couro que devem ser enroladas no braço – as caixas devem ser colocadas na cabeça e no braço esquerdo. É obrigatório, de acordo com a lei judaica, para todos os judeus homens, a partir do momento do *bar-mitzvá* e simboliza Deus próximo do coração e na cabeça. Quando um judeu tem adoração por Deus, ele o faz com todos os seus pensamentos e com o seu coração.

32 Maimônides foi um sábio judeu do século XII (filósofo, médico, rabino e codificador) que, entre tantos feitos, escreveu um código sistemático de leis judaicas – o *Mishné Torá*.

33 "A Torá relata que Jacob, ao receber a falsa notícia de que seu filho José tinha sido devorado por uma fera, reagiu 'rasgando as vestes'

(Gênesis 37:34). Também David rasgou suas vestes ao saber da morte do Rei Saul e seu filho Jonathan. Esse ritual tem uma finalidade psicológica: uma forma de descarregar a dor e a angústia diante da perda de um ente querido." Associação Religiosa Chevra Kadisha do Rio de Janeiro, 2016.

34 A autora esteve presente no local em outubro de 2013.
35 http://www.ibge.gov.br.
36 Conhecido como Shimon bar Yochai, um rabino que supostamente teria escrito o *Zohar*, livro fundante da cabala.
37 Também vale ressaltar que durante todo este capítulo o vocabulário utilizado será o mesmo das reuniões visitadas, com palavreado espírita. Exemplos: plano espiritual, amigos desencarnados, mentores, passe, prece etc.
38 Carlos Antônio Baccelli é um médium brasileiro nascido em 1952. Escritor de vários livros, foi discípulo de Chico Xavier e apontado por alguns como seu sucessor (Guarnieri, 2001).
39 Carlos Pastorino (1910-1980) foi jornalista, escritor, teólogo, entre outras profissões, e, quando conheceu as obras de Kardec, desistiu de seu futuro como padre, dedicando-se ao espiritismo por toda a sua vida (Portal do Espírito, 2016).
40 A ideia de *tsedacá* (traduzida comumente como caridade, mas que também pode significar justiça) vem desde Abrahão e é explanada na Torá, na qual se diz que não se deve fechar a mão a um irmão carente. Também Maimônides estabeleceu algumas questões em relação à *tsedacá*.
41 A festa da Páscoa judaica, o *Pessach*, aconteceria quatro dias depois da fala. É uma data importante dentro do calendário judaico de festividades.
42 Movimento Chabad.

REFERÊNCIAS BIBLIOGRÁFICAS

AN-SKI, Sch. *O Dibuk*. São Paulo: Perspectiva, 1965.

ARRIBAS, Célia da Graça. *Afinal, espiritismo é religião*: a doutrina espírita na formação da diversidade religiosa brasileira. São Paulo: Alameda, 2010.

ASSOCIAÇÃO RELIGIOSA CHEVRA KADISHA DO RIO DE JANEIRO. Como proceder em casos de falecimento? Disponível em: <http://www.chevrakadisha.com.br/regras-do-luto/>. Acesso em: 6 abr. 2016.

ATTIAS, Michel. *Histórias maravilhosas v.3*: histórias em quadrinhos. São Paulo: Salomon's Wisdom, 2011.

AUBRÉE, Marion; LAPLANTINE, François. *A mesa, o livro e os espíritos*. Gênese, evolução e atualidade do movimento social espírita entre França e Brasil. Maceió: Edufal, 2009.

BACCELLI, Carlos A. Irmão José. *Vigiai e orai*. São Paulo: Casa Editora Espírita Pierre-Paul Didier, 2000.

_____. Senhor e Mestre. São Paulo: LEEPP, 2008.

BASBAUM, Hersch W. *A saga do judeu brasileiro*: a presença judaica em terras de Santa Cruz. São Paulo: Inteligentes, 2004.

BATNITZKY, Leora. *How Judaism Became a Religion*: an Introduction to Modern Jewish Thought. Princeton: Princeton University Press, 2011.

BETARELLO, Jeferson. *Unir para difundir*: o impacto das federativas no crescimento do espiritismo. Franca: Unifran, 2010.

BEUTHNER, AvrahamTsvi. *Histórias maravilhosas*. Rio de Janeiro: A.Tsvi Beuthner, 2012.

BILU, Yoram. The Woman Who Wanted to Be Her Father: a Case Analysis of Dybbuk-Possession in a Hasidic Community. In: CASTELLI, Elizabeth (Org.). *Women, Gender and Religion*: a Reader. NewYork: Palgrave, 2001.

BLAU, Joseph L. *ModernVarieties of Judaism*. NewYork: Columbia University Press, 1966.

BLAY, Eva Alterman. *O Brasil como destino*: raízes da imigração judaica contemporânea para São Paulo. São Paulo: Unesp, 2013.

BONDER, Nilton. *Carta aos judeus*. [Online]. Disponível em: <http://www.cjb.org.br/arquivo/2014/03/carta+linkguia.pdf>. Acesso em: 13 maio 2014.

_____.; SORJ, Bernardo. *Judaísmo para o século XXI*: o rabino e o sociólogo. Rio de Janeiro: Jorge Zahar, 2001.

BRASIL. Instituto Brasileiro de Geografia e Estatística. [Online]. Disponível em: <http://www.ibge.gov.br>. Acesso em: 4 mar. 2015.

BRENNER, Michael. *Breve história dos judeus*. São Paulo: WMF Martins Fontes, 2013.

BUBER, Martin. *Hasidism and Modern Man*. NewYork: Harper Torchbooks, 1966.

_____. *TheWay of Man*. NewYork: Routledge, 1994.

_____. *A lenda do Baal Shem*. São Paulo: Perspectiva, 1997.

CAMARGO, Cândido Procópio Ferreira de. *Kardecismo e umbanda*: uma interpretação sociológica. São Paulo: Pioneira, 1961.

CARNEIRO, Maria LuizaTucci. *Brasil judaico*: mosaico de nacionalidades. São Paulo: Mayanot, 2013. v. 2.

CHABAD. [Online]. Disponível em: <http://www.chabad.org/>. Acesso em: 13 jul. 2014.

CHAJES, J. H. *Between Worlds*: Dybbuks, Exorcists, and Early Modern Judaism (Jewish Culture and Contexts). Philadelphia: University of Pennsylvania, 2003.

COHEN, Zamir. *A revolução iminente*: a ciência descobre as verdades bíblicas. São Paulo: Maayanot, 2011.

DAMAZIO, Sylvia F. *Da elite ao povo*: advento e expansão do espiritismo no Rio de Janeiro. Rio de Janeiro: Bertrand Brasil, 1994.

EISENBERG, Carol. His Jewish Mother Calls him the Deli Lama. [Online]. Disponível em: <http://www.phayul.com/news/article.aspx?id=7428&t=1>. Acesso em: 4 out. 2013.

ELIEZRIE, David. *The Secret of Chabad*: Inside the World's Most Successful Jewish Movement. London: The Toby Press, 2015.

ETKES, Immanuel. *Rabbi Shneur Zalman of Liady*: the Origins of Chabad Hasidism. New England: Brandeis, 2015.

FELDMAN, Sérgio. Baal Shem Tov e Moisés Mendelssohn: entre a genialidade e a intolerância. [Online]. *Revista Visão Judaica*, n. 29, out. 2004. Disponível em: <http://www.visaojudaica.com.br/Outubro_2004/Artigos%20e%20 reportagens/Baal_Shem_Tov_e_moises_mendelsshon.htm>. Acesso em: 10 jul. 2014.

FERNANDES, Oliveira Magali. *Chico Xavier*: um herói brasileiro no universo da edição popular. São Paulo: Annablume, 2008.

FERRETTI, Sérgio Figueiredo. *Repensando o sincretismo*. São Paulo: Edusp, 1995.

FISHKOFF, Sue. *The Rebbe's Army*: Inside the World of Chabad-Lubavitch. New York: Schocken Books, 2003.

FISHMAN, Sylvia Barack. The Way into the Varieties of Jewishness. Vermont: Jewish Lights Publishing, 2007.

GILLMAN, Neil. *Fragmentos sagrados*: recuperando a teologia para o judeu moderno. São Paulo: Comunidade Shalom, 2007.

GIUMBELLI, Emerson. *O cuidado dos mortos*: uma história da condenação e da legitimação do espiritismo. Rio de Janeiro: Arquivo Nacional, 1997.

GOLDISH, Matt (ed.). *Spirit Possession in Judaism*: Cases and Contexts from the Middle Ages to the Present. Detroit: Waine State University Press, 2003.

GONÇALVES, C. de Freitas Iracilda. *Psicografia*: verdade ou fé? João Pessoa: Editora Universitária UFPB, 2010.

GRIN, Monica; VIEIRA, Nelson H. (Org.). *Experiência cultural judaica no Brasil*: recepção, inclusão e ambivalência. Rio de Janeiro: Topbooks, 2003.

GUARNIERI, Maria Cristina Mariante. *Morte no corpo, vida no espírito*: o processo de luto na prática espírita da psicografia. São Paulo, 2001. Tese (doutorado em Ciência da Religião) – Pontifícia Universidade Católica de São Paulo. São Paulo, 2001.

HAZAN, Glória. *Filosofia do judaísmo em Abraham Joshua Heschel*. São Paulo: Perspectiva, 2008.

HEILMAN, Samuel; FRIEDMAN, Menachem. *The Rebbe*: the Life and Afterlife of Menachem Mendel Schneerson. Princeton: Princeton University Press, 2010.

HESCHEL, Abraham J. *O último dos profetas*: uma introdução ao pensamento de A. J. Heschel. São Paulo: Manole, 2002.

_____. *Deus em busca do homem*. São Paulo: Arx, 2006.

_____. *Quem é o homem?* São Paulo: Triom, 2010.

HESCHEL, Susannah (ed.). *Moral Grandeur and Spiritual Audacity*. New York: Farrar, Strauss and Giroux, 1996.

IDEL, Moshe. Jewish Magic from the Renaissance Period to Early Hasidism. In: NEUSNER, Jacob (ed.). *Religion, Science and Magic*: in Concert and in Conflict. Oxford: Oxford University Press. 1989.

_____. *Hasidism*: Between Ecstasy and Magic. New York: State University of New York Press, 1995.

_____. *Old Worlds, New Mirrors*: on Jewish Mysticism and Twentieth-Century Thought. Philadelphia: University of Pennsylvania Press, 2010.

ISAIA, Artur Cesar; MANOEL, Ivan Aparecido (Org.). *Espiritismo & religiões afro-brasileiras*. São Paulo: Unesp, 2012.

JACOBSON, Howard. *Roots Schmoots*: Journey among Jews. New York: The Overlook Press, 1994.

JACOBSON, Simon (adapt.). *Rumo a uma vida significativa*: a sabedoria do Rebbe Menachel Mendel Schneerson. São Paulo: Mayanot, 2007.

KAMENETZ, Rodger. *The Jew in the Lotus*. New York: Harper Collins, 1994.

KAPLAN, Mordecai M. *Judaism as Civilization*: toward a Reconstruction of American-Jewish Life. New York: Schocken Books, 1972.

KARDEC, Allan. *A prece segundo o Evangelho*. São Paulo: FEB, 1977.

_____. *O livro dos médiuns*. Tradução de Guillon Ribeiro. Rio de Janeiro: Federação Espírita Brasileira, 2006.

_____. *O céu e o inferno*. 4 ed. Rio de Janeiro: Federação Espírita Brasileira, 2010.

_____. *O Evangelho segundo o espiritismo*. 3 ed. Rio de Janeiro: Federação Espírita Brasileira, 2011.

_____. *O livro dos espíritos*. 14 ed. Rio de Janeiro: Federação Espírita Brasileira, 2011.

KLEIN, Misha. *Kosher Feijoada and Other Paradoxes of Jewish Life in São Paulo*. Florida: University Press of Florida, 2012.

KOGAN, Andréa. *Propostas para um roteiro judaico na cidade de São Paulo*. São Paulo, 2001. Dissertação (mestrado) – Centro Universitário Ibero-Americano. São Paulo, 2001.

LAMA SURYA DAS. [Online]. Disponível em: <http://www.surya.org/>. Acesso em: 25 maio 2014.

LEWGOY, Bernardo. A transnacionalização do espiritismo kardecista brasileiro: uma discussão inicial. *Religião & Sociedade*. Rio de Janeiro, v. 28. n. 1, jan. 2008.

_____. *Chico Xavier, o grande mediador*: Chico Xavier e a cultura brasileira. São Paulo: Edusc, 2004.

LOPES, Lourival. *Gotas de esperança*. Brasília: Otimismo, 2006.

MARTINS, Cristiane. *Cura espiritual*: a experiência dos não espíritas no Nosso Lar. Montes Claros: Unimontes, 2014.

MOVIMENTO Chabad. [Online]. Disponível em: <http://www.chabad.org.br/>. Acesso em: 8 jul. 2014.

NEGRÃO, Lísias Nogueira (Org.). *Novas tramas do sagrado*: trajetórias e multiplicidades. São Paulo: Edusp, 2009.

NEUGROSCHEL, Joachim (Org.). *Great Tales of Jewish Occult and Fantasy*: the Dybbuk and 30 Other Classic Stories. New York: Wings Books, 1991.

OHEL Chabad. [Online]. Disponível em: <http://www.ohelchabad.org/templates/articlecco_cdo/aid/78445>. Acesso em: 10 jul. 2014.

OZ, Amós. *Como curar um fanático*: Israel e Palestina: entre o certo e o certo. São Paulo: Companhia das Letras, 2016.

_____.; OZ-SALZBERGER, Fania. *Os judeus e as palavras*. São Paulo: Companhia das Letras, 2015.

PASTORINO, Carlos Torres. *Minutos de sabedoria*. São Paulo: Vozes, 1977.

PORTAL DO ESPÍRITO. [Online]. Disponível em: <http://www.espirito.org.br/portal/biografias/carlos-torres-pastorino.html>. Acesso em: 13 abr. 2016.

PÓVOA, Carlos Alberto. *A territorialização dos judeus na cidade de São Paulo*. São Paulo: Humanitas, 2010.

PRANDI, Reginaldo. *Os mortos e os vivos*: uma introdução ao espiritismo. São Paulo: Três Estrelas, 2012.

RATTNER, Henrique (Org.). *Nos caminhos da diáspora*. São Paulo: Centro Brasileiro de Estudos Judaicos, 1972.

_____. *Tradição e mudança*: a comunidade judaica em São Paulo. São Paulo: Ática, 1977. Série Ensaios, n. 27.

REHFELD, Walter. *Introdução à mística judaica*. São Paulo: Ícone, 1986.

ROSS, James R. *Fragile Branches*: Travels through the Jewish Diaspora. New York: Riverhead, 2000.

ROSS, Theodore. *Am I a Jew?*: My Journey Among the Believers and Pretenders, the Lapsed and the Lost, in Search of Faith (Not Necessarily My Own), My Roots, and Who Knows, Even Myself. New York: Plume, 2013.

SCHOLEM, Gershom. *Major Trends in Jewish Mysticism*. New York: Schocken, 1941.

_____. *O nome de Deus, a teoria da linguagem e outros estudos de cabala e mística*: judaica II. São Paulo: Perspectiva, 1999.

SCHREIER, Ary; SCHREIER, Emília (Org.). *O Mestre do Bom Nome*. São Paulo: Perspectiva, 1976.

SEVERINO, Paulo Rossi; AME-SP. *A vida triunfa*: pesquisa sobre mensagens que Chico Xavier recebeu. São Paulo: Editora Jornalística Fé, 1990.

SHUA, Ana Maria. *Contos judaicos com fantasmas e demônios*. São Paulo: Shalom, 1994.

SHURPIN, Yehuda. Why Do Jews Toast L'Chaim – To Life?. Disponível em: <http://www.chabad.org/library/article_cdo/aid/2987145/jewish/Why-Do-Jews-Toast-LChaimTo-Life.htm>. Acesso em: 21 abr. 2016.

SORJ, Bernardo. *Judaísmo para todos*. 2. ed. Rio: José Olympio, 2001.

SORJ, Bila (Org.) *Identidades judaicas no Brasil contemporâneo*. Rio de Janeiro: Imago, 1997.

STOLL, Sandra Jacqueline. *Espiritismo à brasileira*. São Paulo: Edusp, 2003.

SZTAJNSZRAJBER, Darío (Org.). *Posjudaísmo*: debates sobre lo judío en el siglo XXI. Buenos Aires: Prometeo Libros, 2007.

TELUSHKIN, Joseph. *Rebbe*. The Life and Teachings of Menachem M. Schneerson, the Most Influential Rabbi in Modern History. New York: Harper Collins, 2014.

THE JEWISH THEOLOGICAL SEMINARY. The Eternal Light Interview – Carl Stern interviews Abraham Joshua Heschel. [Online]. Disponível em: <https://www.youtube.com/watch?v=8K2x5YXw9GI>. Acesso em: 15 mar. 2015.

TOPEL, Marta F. Judaísmo(s) brasileiro(s): uma incursão antropológica. *Revista USP*. São Paulo, n. 67, setembro/novembro 2005, p. 186-97.

TRACHTENBERG, Joshua. *Jewish Magic and Superstition*: a Study in Folk Religion. New York: Atheneum, 1939.

VINCENT, Leah. *Cut me Loose*: Sin and Salvation After My Ultra-Orthodox Girlhood. New York: Nan A. Talese/Doubleday, 2014.

WONDERS & Miracles: Stories of the Lubavitcher Rebbe. Israel: Maareches U'Faratzta, 1993.

XAVIER, Francisco Cândido. *Missionários da luz, pelo Espírito André Luiz*. Brasília: Federação Espírita Brasileira, 1945.

_____. *Nos domínios da mediunidade*. 23 ed. Rio de Janeiro: Federação Espírita Brasileira, 1995.

_____. *Nosso Lar*. 46 ed. Rio de Janeiro: Federação Espírita Brasileira, 1997.

_____. *Caminho, verdade e vida*. São Paulo: FEB, 2015.

_____.; MUSZKAT, Roberto; MUSZKAT, David. *Quando se pretende falar da vida* חי. Grupo Espírita Emmanuel, 1983.

ZIMMERMANN, Zalmino. *Espiritismo, século XXI*. Campinas: Allan Kardec, 2011.